RÓMULO E. DURÓN

BIOGRAFÍA DE JUAN LINDO, EL ZORRO

ERANDIQUE

COLECCIÓN

BIOGRAFÍA DE JUAN LINDO
RÓMULO E. DURÓN

©Colección ERANDIQUE
Supervisión Editorial: Óscar Flores López
Diseño de portada: Andrea Rodríguez-Lilyana Gálvez
Administración: Tesla Rodas y Jessica Cordero
Director Ejecutivo: José Azcona Bocock

Segunda Edición
Tegucigalpa, Honduras—junio de 2024

JUAN LINDO, EL ZORRO DE LA POLÍTICA HONDUREÑA

Este valioso volumen del connotado historiador y literato hondureño, don Rómulo E. Durón, recoge la vida y entorno de don Juan Nepomuceno Fernández Lindo y Zelaya.

Él fue un importante estadista hondureño durante el periodo de la independencia temprana. De inclinación conservadora, tuvo la flexibilidad de ir evolucionando en sus posiciones según los acontecimientos. Por ese pragmatismo se le conoce como el "Zorro" de la política hondureña.

Indudablemente que eran tiempos difíciles, por lo que nuestro juicio moderno sobre las montoneras, falta de respeto a la ley y otras faltas de inmadurez política debe ser contextualizado.

Honduras pasó de ser una parte (marginal, ciertamente) de un imperio estable, a convertirse en una provincia de un ex Virreinato de la Nueva España que carecía de estabilidad orgánica para sostener su territorio.

Posteriormente, Honduras quedó como parte de una Federación Centroamericana, que, con todo el esfuerzo valiente de sus forjadores, fue incapaz de perdurar frente a la enorme fuerza centrípeta del localismo y la ignorancia.

Sumando la injerencia de potencias extranjeras, problemas étnicos y religiosos, y pestes era imposible que la misma sobreviviera.

Para cuando Lindo fue gobernante, y previamente durante toda esa oscura década de los 1840's, el país había retrocedido en civilización y condiciones materiales producto de dos décadas de guerras civiles. Estos conflictos fratricidas dejaron una enorme cantidad de destrucción y muerte, sin dejar instituciones o progreso.

Juan Lindo fue defensor de la soberanía nacional cuando fuertes potencias querían despedazar nuestro territorio; y respetuoso de la Constitución durante su periodo presidencial.

Es un precursor de la construcción de una patria incipiente, precaria y frágil, pero insumisa y optimista.

JOSÉ AZCONA BOCOCK
DIRECTOR EJECUTIVO COLECCIÓN ERANDIQUE

RÓMULO E. DURÓN

BIOGRAFÍA
-DE-
Don Juan Nepomuceno
Fernández Lindo y Zelaya
Presentada al Concurso Literario
Abierto por el Poder Ejecutivo
por Acuerdo de 13 de junio
de 1930

...

EDITORIAL NACIONAL
San Pedro Sula, D. D.
Honduras, C. A.

ACUERDO N.º 234.

Palacio Nacional, Tegucigalpa, D. C.,
19 de diciembre de 1956.
Señor

Para su conocimiento y demás fines, transcribo a usted el Acuerdo que dice:

"ACUERDO N.º 234. —PALACIO NACIONAL, Tegucigalpa, D. C., 19 de diciembre de 1956. -LA JUNTA MILITAR DE GOBIERNO,
CONSIDERANDO:
Que el 23 de abril de 1957 entrante se cumplirá el Primer Centenario de la muerte del Doctor Don Juan Nepomuceno Fernández Lindo y Zelaya (Juan Lindo), y que es un deber del Gobierno tributar su reconocimiento a los méritos y virtudes de los hondureños ilustres que consagraron su existencia al progreso de la Patria, el cual puede expresarse mediante la difusión de los escritos que estudien su vida y su obra,
POR TANTO: ACUERDA: Reimprimir, con ocasión del Primer Centenario del fallecimiento del Doctor Don Juan Lindo, la Biografía del Prócer escrita por el Doctor Don Rómulo E. Durón, en cantidad de tres mil ejemplares, llevando en las primeras páginas este Acuerdo y los retratos de ambos ilustres hijos de Honduras.
COMUNÍQUESE. —(f) H. CARACCIOLI. —(f) ROQUE J. RODRÍGUEZ. —(f)ROBERTO GÁLVEZ B. —El Secretario de Estado en el Despacho de Educación Pública. —(f) JORGE FIDEL DURÓN".

De usted atento y seguro servidor,
RAMON VALLADARES h.

EL CONCURSO
I

El Presidente de la República:

CONSIDERANDO: que es deber del Gobierno estimular la intelectualidad del país, a fin de aumentar la producción de obras nacionales.

CONSIDERANDO: que los CONCURSOS LITERARIOS constituyen uno de los medios más eficaces para la consecución del objeto indicado;

POR TANTO,

ACUERDA:

1°—Abrir un
CONCURSO LITERARIO
Bajo las Bases Siguientes:

a) Un premio para la mcjor Biografía del ilustre hombre público hondureño Juan Lindo. El premio consistirá en un Diploma, quinientos pesos plata y cien ejemplares de la edición de la obra.

b) Un premio para el mejor Tratado de Educación Cívica. El premio consistirá en un Diploma, quinientos pesos y cien ejemplares de la edición de la obra.

c) Un premio para el mejor libro de Cantos Escolares. El premio consistirá en un Diploma, quinientos pesos y cien ejemplares de la edición de la obra.

d) Un premio para el mejor libro de Cuentos Escolares. El premio consistirá en un Diploma, quinientos pesos plata y cien ejemplares de la edición de la obra.

e) Un premio para el mejor libro de Literatura Regional. El premio consistirá en un Diploma, quinientos pesos y cien ejemplares de la obra.

2º—Las obras se presentarán escritas a máquina, deberán estar redactadas en castellano y serán inéditas. No se fija extensión determinada, con excepción del libro de Cantos Escolares, el cual deberá contener por lo menos cincuenta canciones.

3º—Cada autor marcará su obra con un lema y la acompañará con un sobre cerrado y lacrado, que contendrá su nombre y dirección y que tendrá escrito por fuera. en letra de máquina, el lema y primer renglón de la obra.

4º—Las obras serán entregadas o enviadas por correo, en paquete certificado, al Director de la Biblioteca Nacional, quien en cada caso otorgará recibo, haciéndolo constar en el mismo sobre cerrado y lacrado.

5º—El plazo para la presentación se vencerá a las 12 a. m. del día 31 de marzo de 1931.

6º—No se admitirá obra alguna a la cual no le acompañe oficio, carta o papel de cualquier clase, por el que pudiera averiguarse el nombre del autor.

7º—No se devolverá ninguna de las obras que se presenten. Todas ellas se conservarán en el Archivo Nacional.

8º—Las personas que concurran a este certamen se conducirán con la discreción necesaria para que no se sepa, antes de conocer el laudo del Jurado, cuáles son los trabajos presentados por ellas. Si por indiscreción del autor se supiere su nombre, quedará fuera de concurso.

9º—El mérito relativo de las obras que se presenten no les dará derecho al premio; para alcanzarlo han de tener, por su fondo y por su forma, un valor que de semejantes recompensas les hagan dignas en concepto del Jurado.

10º—Las obras que resulten premiadas se publicarán a expensas del Estado. en ediciones cuyo número fijará la Secretaría de Instrucción Pública. La propiedad de estas obras pasará a sus autores a los seis meses de haber sido publicadas, no pudiendo mientras tanto imprimirlas ellos.

11º—Si a juicio del Jurado hubiere, además de las obras premiadas, otra u otras que merecieren los honores de la publicación, se hará ésta en el orden y forma que el Ministerio de Instrucción Pública acuerde.

13º—Después de entregadas las recompensas, los autores de las obras premiadas adquirirán la propiedad de las mismas.

14º—Los miembros del Jurado que estudiará las obras que se presenten serán nombradas por el Ministerio de Instrucción Pública.

15º—A este certamen sólo podrán concurrir los hondureños, residan o no residan en el territorio de la República.

Comuníquese.

MEJÍA COLINDRES.

El Subsecretario del Estado, Encargado del Despacho de Instrucción Pública,

R. Pineda Galindo.

Tegucigalpa, 12 de marzo de 1931

Tomando en consideración que varios escritores han solicitado la prórroga del término señalado para presentar sus obras al CONCURSO LITERARIO, promovido por el Ministerio de Instrucción Pública, en acuerdo número 1435, fechado el 13 de junio de 1930.

POR TANTO:

EL PRESIDENTE DE LA REPUBLICA

ACUERDA:

1º—Ampliar hasta el 15 de agosto del año en curso, la fecha fijada para la presentación de las mencionadas obras; y

2º—El Jurado que al efecto se nombre acordaría la adjudicación de los premios en la sesión solemne y pública que se efectuará en el Teatro Nacional, el día 15 de septiembre del presente año. — Comuníquese,

(f)MEJÍA COLINDRES.

El Subsecretario de Estado, Encargado del Despacho de Instrucción Pública,

(f)R. Pineda Galindo.

III
ACTA DEL JURADO

En la ciudad de Tegucigalpa, en el Salón de Lectura de la Biblioteca Nacional de Honduras, a los diez días del mes de septiembre de mil novecientos treinta y uno. Reunidos los infrascritos, nombrados por Acuerdo Supremo del 12 de junio del año en curso, para constituir la Sub-Comisión encargada de juzgar el mérito de las obras presentadas al CONCURSO CIENTÍFICO-LITERARIO abierto por el Poder Ejecutivo en Acuerdo de 13 de junio de mil novecientos treinta; estimulando la intelectualidad del país con el fin de aumentar la producción de obras nacionales, han procedido en la forma que sigue:

1º—Cada uno de sus miembros, en orden sucesivo, recibió un volumen inédito conteniendo 120 páginas en 49, escritas en máquina, en papel blanco, conteniendo la Biografía de Don Juan Lindo, ilustre hombre público hondureño, que fue Presidente del Estado desde el 12 de febrero de 1847 al 31 de enero de 1852; la cual obra fue leída con atención por cada uno de los comisionados en el tiempo suficiente.

2º—Aunque se presentó al CONCURSO sólo la mencionada obra, que la Comisión estima completa sobre la vida del ilustre biografiado, escrita con corrección y muy erudita, la cual contiene correspondencia de la vida política del Doctor Lindo, revela en el autor el ser muy versado y un dominio completo en nuestra historia nacional; por lo cual estiman y así lo declaran, que dicha Biografía ha llenado los deseos del Poder Ejecutivo que se ha propuesto con la apertura de dicho CONCURSO; y

3º—Aceptado que fuese por el Poder Ejecutivo de la República, el parecer de la Sub-Comisión que ha estudiado dicha Biografía, es de parecer a que se adjudique a su autor los premios acordados, o sea el Diploma, quinientos pesos plata y los cien ejemplares del mencionado acuerdo.

Tal es el parecer de la Sub-Comisión, con que el Poder Ejecutivo ha honrado a los suscritos.

Tegucigalpa, 10 de septiembre de 1931.

Alberto Uclés.   Gonzalo S. Sequeiros.   Félix Salgado.

IV
ACUERDO NÚMERO 243

Tegucigalpa, 14 de septiembre de 1931.

Señor Doctor don Rómulo E. Durón.

Presente.

Para su conocimiento y demás fines, transcribo a usted el Acuerdo que dice:

"Acuerdo número 243.— Tegucigalpa, 14 de septiembre de 1931.— Con presencia del Veredicto del Jurado dictaminador, en el CONCURSO LITERARIO que se promovió a virtud del Acuerdo de 13 de junio de 1930, el Presidente de la República, *ACUERDA:* Adjudicar Diploma de Honor y el premio correspondiente al Doctor Rómulo E. Durón, por su obra titulada Biografía de don Juan Lindo. —Comuníquese. — (f) MEJÍA COLINDRES. — El Secretario de Estado en el Despacho de Instrucción Pública. (f) S. Corleto".

De usted atento y S. S.

S. CORLETO.

EL PORQUÉ DE ESTA SEGUNDA EDICIÓN

El 23 de abril del presente año se cumple el primer centenario de la muerte del Dr. Don Juan Lindo. El Ministerio de Educación Pública, además de los actos que deben realizarse en homenaje de tan esclarecido patriota, ha dispuesto hacer una nueva edición de la "Biografía de Don Juan Nepomuceno Fernández Lindo", escrita por el Dr. Rómulo E. Durón, publicada en 1932.

Es indiscutible el mérito de la obra del Dr. Rómulo E. Durón, que resultó vencedora en el concurso literario que se promovió en 1930 por el Gobierno de Honduras, presidido por el Dr. Vicente Mejía Colindres, siendo Ministro de Educación Pública el Dr. Salvador Corleto. La obra del Dr. Durón es la más completa Biografía que se ha escrito sobre el gran político y estadista Dr. Lindo.

En estilo ameno relata el autor, la vida y obra del eminente Abogado de los Tribunales de México Dr. Juan Lindo; habla de sus actos como Gobernador de Honduras; de su actuación en el Congreso de México, como Diputado por Comayagua; narra su participación en la política hondureña y centroamericana y los acontecimientos más importantes cuando Lindo fue Jefe del Estado de El Salvador, en 1841; sus ideas unionistas; sus actos como Presidente de la República de Honduras de 1847 hasta el 31 de enero de 1852; sus luchas contra Rafael Carrera, Presidente de Guatemala; su papel destacado en la fundación de nuestra Universidad; de la declaración de solidaridad de Honduras con México, en la guerra que le hizo Estados Unidos de Norte América a la nación Azteca, en 1847; sus trabajos en defensa de la integridad territorial, que revela al internacionalista profundo, al diplomático hábil y al político sagaz.

Contiene el libro valiosos documentos, y se dan a conocer varios aspectos de la historia de Centro América durante la primera mitad del siglo XIX.

De la lectura de la obra del Dr. Durón se desprenden las múltiples facetas de la vida del Dr. Lindo: como gobernante progresista y civilizador, hábil político, conocedor de la Sociología

Centroamericana, que luchó por la unión de Centro América, rectificando así el error de haber adversado al Paladín Unionista General Francisco Morazán.

Es justo el homenaje al Dr. Lindo, por su fe en los destinos de Honduras, por proteger la instrucción pública, por su espíritu evolucionista que le permitía rectificar sus errores y marchar en avance con las ideas de los tiempos nuevos, así se distancia de sus amigos Ferrera y Guardiola y, en 1852, le entrega la Presidencia de la República al electo Benemérito General Trinidad Cabañas.

Era el Dr. Durón un gran escritor, conversador ameno, un Abogado distinguido, elocuente orador, incansable trabajador por el progreso espiritual y material de la patria; enamorado de nuestras glorias del pasado y conocedor de nuestros errores, lo cual no lo llenó de pesimismo, sino que en nuestra propia historia encontraba las raíces y la fuerza creadora para luchar por el porvenir de la Patria; eran sus convicciones algo así como la raíz y el ala de nuestra cultura.

En la Revista de la Universidad se encuentran algunos de sus trabajos.

Varias veces visité al Dr. Durón en su residencia de Comayagüela, se encontraba satisfecho de su obra, alegre, y franco, me hablaba de nuestro pasado glorioso, de sus esperanzas y de sus desengaños, de su fe en el porvenir de la Patria; muchas veces resolvió mis consultas históricas con cariño y satisfacción, estimulando mis pasos iniciales en la investigación de documentos históricos, felicitándome cordialmente por mis primeras obras; me habló emocionado de su libro "Don Joaquín Rivera y su Tiempo" que él consideraba su mejor obra histórica.

En la "Honduras Literaria" da a conocer el pensamiento, la poesía y las letras hondureñas. En "Limites de Nicaragua", refutaciones, al Dr. Pedro Joaquín Chamorro, Don Rómulo E. Durón se consagra como fuerte polemista, abogado dialéctico y erudito internacionalista, lo mismo que como patriota verdadero. En todas las obras del Dr. Durón se revela su sabiduría y su inmenso amor a Honduras.

Buscando en los Archivos los datos necesarios para terminar sus obras con la fe de un experto minero, en honrada pobreza, le sorprendió la muerte, el 13 de octubre de 1942.

Los hondureños todos y, muy especialmente la juventud de mi Patria, debemos guardar eterna gratitud por el ilustre Historiador y Maestro de varias generaciones, Dr. Rómulo E. Durón. Amigo servicial, se desprendía de lo poco que poseía para hacer el bien, gran pensador y gran amigo, se daba a su pueblo en obras de caridad y del espíritu.

Su muerte fue una irreparable pérdida para la Patria.

Es magnífico el libro del Dr. Durón sobre Lindo y es necesaria su reedición.

El pueblo Hondureño debe ser agradecido con sus grandes hombres.

Termino con la frase del apóstol cubano "Honrar, Honra".

Tegucigalpa. D. C., 12 de enero de 1957.

ERNESTO ALVARADO GARCÍA

BIOGRAFÍA DE JUAN NEPOMUCENO FERNÁNDEZ LINDO Y ZELAYA

I

ESCRIBIR SOBRE la vida de Don Juan Nepomuceno Fernández Lindo y Zelaya, es escribir sobre la Historia de la América Central, en los primeros cincuenta y seis años del Siglo XIX.

Parece que el señor Lindo, cuya partida de bautismo no he podido encontrar, nació en 1790, habiendo ocurrido su nacimiento en la ciudad de Tegucigalpa, a juzgar por el hecho de que decía "que nadie le puede disputar el honor de ser" hijo de esta ciudad y que el mayor tiempo de su cuna lo disfrutó en ella".

Era hijo de Don Joaquín Fernández Lindo y de Doña Bárbara Zelaya. Don Joaquín era Escribano Público Mayor de Gobierno desde 1792, en la Gobernación-Intendencia de Comayagua.

Don Juan fue enviado por sus padres, que poseían una regular fortuna, a hacer sus estudios a la ciudad de México. [1]

En diciembre de 1814 se siguió en Comayagua, a solicitud de Don Joaquín, por el Arcediano, Provisor y Vicario General del Obispado, Doctor. Don Juan Miguel Fiallos, una información en la que se acreditó que Don Juan Lindo era hijo legítimo de las personas dichas y que no tenía impedimento canónico para obtener dignidad eclesiástica ni para cualquier empleo que solicitara. Declararon en ella Don Mariano Aguiluz, Don Ildefonso Vásquez y Don Rafael Vásquez y Soto, este último Teniente de Milicias de Comayagua. Con esta información, que era la llamada de limpieza y que era el último requisito que le faltaba, obtuvo Don Juan en la Audiencia de México, el título de Abogado.

"A ninguno como al Escribano le resulta perjuicio en la traslación, pues tiene que abandonar dos casas siendo launa de ellas de mayor y de mejor construcción de esta ciudad, de valor de más de siete mil pesos, y una finca de caña, que tiene a sus inmediaciones, importa más de seis mil pesos; pero cómo su vida y salud prefieren al interés todo lo perderá gustoso y desde luego, se compromete a trasladar el

---

[1] En un informe de 1806 sobre la traslación de la capital de la Provincia, de Comayagua a Tegucigalpa, decía Don Joaquín Lindo.

Archivo a su costa, tanto el de Escribanía como el de Gobierno, y a volver a traerlo si se desaprueba la traslación por S. M".

Don Juan regresó a Honduras y a su llegada a Comayagua, formó parte del Ayuntamiento de la ciudad como Alférez Real. De ese Ayuntamiento era entonces Regidor perpetuo su padre Don Joaquín.

Mientras Don Juan hacía en México estudios de Abogado ocurrían graves acontecimientos en España y América. El Rey Carlos IV y Fernando, su hijo, habían sido destronados y ocupado el trono, en lugar de ellos, por la voluntad de Napoleón I, José Bonaparte. Inmediatamente los españoles organizaron una Suprema Junta Central, a la que sucedió el Consejo de Regencia, y la guerra fue implacable contra el intruso.

Estos sucesos habían de producir sus resultados en México, como sucedió también en la América del Sur. Don Juan había sido testigo de la revolución de Independencia iniciada por el Cura Hidalgo, con el grito de Dolores y continuada por Morelos, que costó la vida a los dos caudillos. Durante el desarrollo de esa revolución habían ocurrido movimientos revolucionarios en 1811 en San Salvador, en Granada y en León, y en 1812 en Tegucigalpa. El 19 de marzo de este año se había proclamado la famosa Constitución de Cádiz. En 1814 recobró el trono Fernando VII y lo primero que hizo fue anular la Constitución. Coincidiendo con este hecho, un nuevo movimiento revolucionario estallaba en San Salvador.

¿Con qué ideas vino de México don Juan Lindo, en presencia de estos sucesos? Desde luego las dio a conocer con entrar a formar parte del Ayuntamiento: su causa era la causa del Gobierno imperante. En ello marchaba de acuerdo con su padre, el Regidor perpetuo.

Este había tratado de hacerse grato a las autoridades de España.

He aquí algunos de sus principales actos en los seis años anteriores al regreso de su hijo:

Con su voto, el Ayuntamiento elevó el 6 de noviembre de 1808 una representación a la Corte, en que solicitaba se le dieran a usura diez mil pesos de los fondos de Comunidades, para los gastos de proclamación de S. M. el Señor Don Fernando VII y para otras atenciones.

El 30 de abril de 1809, pronunció un discurso con motivo de haber jurado obediencia a la Suprema Junta Central el Muy Noble Ayuntamiento. En esa fecha repartió entre los indios, con el mismo motivo, un retrato que había hecho grabar de S. M. Don Fernando

VII; y en 15 de mayo escribió a Don Martín de Garay, para que presentara a S. M. y Suprema Junta Central la representación que la acompañaba, expresiva de los sentimientos de fidelidad y amor de que se hallaba poseído, y con el fin de que le hiciera la gracia de mandar imprimir el discurso.

En 25 de julio de 1810, envió a España un proyecto en que proponía una suscripción para crear un fondo llamado "de fieles vasallos contra traidores", destinado a la persecución de éstos. Este proyecto se tachó de ridículo y se mandó pasar al Archivo. Antes de que hubiera tiempo de recibir respuesta sobre tal proyecto, escribió de nuevo en 10 de septiembre y en 10 de noviembre. En la carta de la primera de estas fechas, proponía los medios para continuar la guerra hasta la completa victoria "de nuestras armas", indicando además que se podría reducir a pólvora y otros útiles de guerra el oro y la plata de las Iglesias. Y en la de la segunda, exponía el patriotismo de los americanos y explicaba la forma de llevar a la práctica sus proyectos de suscripción respecto a América.

Tomó parte en el acuerdo del Ayuntamiento, de 10 de agosto, por el cual se reconoció al Consejo de Regencia creado por Real Decreto de 29 de enero del mismo año y se dispuso a informarle que las Provincias de este Reino habían nombrado, el 3 de marzo anterior, a Don Manuel Joseph Pavón y Muñoz, Diputado para que las representara en la Junta Central, solicitando que se dignara admitir a este Diputado en el número de los que hubieran de componer el Consejo de Regencia, o en calidad de supernumerario.

De acuerdo con sus colegas en el Ayuntamiento, éste representó en 8 de octubre de 1812 contra el Real Decreto de 24 de mayo de este año, creando las Diputaciones Provinciales, por los perjuicios que resultaban de pertenecer la Provincia de Honduras a la Diputación en Comayagua; y se le señalaran Honduras los límites que indicaba. Terminaba ponderando sus servicios y haciendo protestas de patriotismo.

Las Cortes Generales y Extraordinarias pidieron informe sobre esta representación a la Regencia del Reino. Esta fue de opinión que se accediera a lo solicitado, agregándose a Honduras los puertos de Trujillo y Omoa y lo demás que se señalaba, con la condición de que no se hiciera hasta que se verificara la división de Provincias.

Con su concurso el Ayuntamiento acordó colocar en la plaza en donde se publicó la Constitución, una lápida con la inscripción de

Plaza de la Constitución. Daba cuenta de este acuerdo, en carta de 11 de enero de 1813, el Gobernador de Comayagua, Don Juan Antonio de Tornos.

Llegó el año de 1814. El Gobernador Tornos, en 17 de marzo, publicó un bando en cumplimiento del Decreto de las Cortes Generales y de la Orden del Consejo de Regencia, para solemnizar el día 19 la proclamación de la Constitución. El Ayuntamiento, de que era vocal Don Joaquín Lindo, contribuyó a la solemnidad. En seguida se había de recibir el Manifiesto y Real Decreto dado en Valencia, el 4 de mayo, por Fernando VII. La Constitución fue abrogada y Don Joaquín Lindo había de someterse a la nueva situación creada; y en ella, le tocó llegar a su hijo Don Juan, a su regreso de México.

Don Juan, lo mismo que su padre, siguieron el curso de los sucesos cuidando siempre de asegurar su posición como fieles súbditos de la Monarquía, sin dejar de estar alerta ante las agitaciones de la revolución de Independencia.

Esta siguió adelante, no sólo en México, sino también en la América del Sur, y entregando, el partido liberal obligaba a Fernando VII en España a jurar la Constitución que había abrogado. ¿Qué hace Lindo? Lindo jura en julio de 1820 con el Ayuntamiento de Comayagua, la Constitución de Cádiz. En memoria del suceso, a iniciativa y con el voto de Lindo, el Ayuntamiento hace construir una columna de veinte y dos varas de altura frente a la iglesia de La Merced, que existe aún. Lindo no se conforma con esto y, a sus expensas, se fabrica la tachada de la Casa Consistorial de Comayagua y al darse noticia de ello al Monarca, se le dice que la obra tiene por objeto "que las elecciones se celebren con la mayor ostentación".

Del mismo modo que Don Juan y su padre se esmeran en manifestarse en todo de acuerdo con el Gobernador Intendente Don Juan Antonio de Tornos, quien hablaba de ellos con elogio en su correspondencia con la Corte, como ellos de él, se condujeron con su sustituto Don José Gregario Tinoco de Contreras, Caballero de la Real y Militar Orden de San Hermenegildo, condecorado con la Cruz de Zaragoza y del Segundo Ejército, Coronel de los Reales Ejércitos, Comandante General de las Armas de la Segunda Brigada de Milicias Provinciales y Sub-Inspector de ella, Gobernador Militar y Político e Intendente de esta Provincia.

Tinoco de Contreras había sido nombrado en enero de 1816; desembarcó en Trujillo el 23 de octubre de 1817, y después de haber rendido sus fianzas allí, en abril de 1818, por doce mil pesos, vino a Comayagua a tomar posesión de sus cargos.

Siendo alarmante el estado de la opinión en favor de la Independencia en Guatemala, el Ayuntamiento de Comayagua, bajo el influjo de Don Juan Lindo y su padre, elevó el 20 de octubre de 1820, una representación a S. M. sobre la decrepitud de Don Carlos de Urrutia, entonces Gobernador y Capitán General del Reino, que lo exponía a los movimientos populares y haciendo presente que Tinoco de Contreras era el único que podía desempeñar el gobierno del Remo en aquellas circunstancias.

Tinoco de Contreras les correspondía esta representación, escribiendo, en 22 de diciembre del mismo año, al Ministro de Ultramar, enviándole varios documentos de los servicios de Don Juan Nepomuceno Fernández Lindo y su padre Don Joaquín, entre los cuales figuraba el proyecto de la columna de que se ha hablado; para perpetuar la memoria de la publicación de la Constitución de Cádiz.

En 22 y 23 de agosto de este año, el Duque de Frías, Embajador de España en Londres, había informado al Secretario de Gobernación que el Caballero Asdá, el Barón Grenier y el General Mauroni, al servicio de Venezuela, le comunicaron que se preparaba una expedición para reforzar a Bolívar y el proyecto de los mismos de que se formara un Virreinato con los gobiernos de Honduras, Nicaragua y Costa Rica. Y en 4 de noviembre, refiriéndose a ciertas noticias que se habían recibido en la Corte, decía no existir en Londres ninguna persona procedente de Guatemala con la mira de preparar su independencia y creía que estas noticias provenían de intrigas de un tal Irisarri, natural de Guatemala, que fue Ministro de Gracia y Justicia en Chile y que, según informes, había muerto violentamente.

(Se refiere a Don Antonio José de Irisarri, quien se hallaba entonces en Europa: y cuya muerte no ocurrió basta 1868).

Don Joaquín Lindo, quien acaso no conocía el proyecto de Virreinato indicado, escribía a España en 24 de febrero de 1821, proponiendo que se dividiera el Reino de México en cuatro Capitanías Generales y el de Guatemala en dos, y que en cada pueblo de indios se regalara un busto de S. M.

Con esta carta enviaba Don Joaquín un manifiesto que el 23 había publicado en Comayagua, intitulado "Un americano contradice el sistema de Independencia de la América, a que inclina el Diálogo de Cortés y el Conde de la Cadena, publicado en el periódico Constitucional de Guatemala".

Un mes antes de haber publicado este manifiesto Don Joaquín, escribía el Alcalde Mayor de Tegucigalpa, Licenciado Don Narciso Mallol, al Capitán General Urrutia, que Don Dionisio de Herrera, en menos de un año que hacía de haberse avecinado en Tegucigalpa, se había empleado únicamente en mover partidos contra la autoridad, porque su espíritu sólo caminaba al plan de Independencia absoluta; y le atribuía estar íntimamente ligado con el Escribano Don Joaquín Lindo, a quien, según expresaba, se debían los males de la Provincia de Comayagua, como a aquél los de la Provincia de Tegucigalpa.

Un mes antes de haber publicado este manifiesto Don Joaquín, escribía el Alcalde Mayor de Tegucigalpa, Licenciado Don Narciso Mallol, al Capitán General Urrutia, que Don Dionisio de Herrera, en menos de un año que hacía de haberse avecinado en Tegucigalpa, se había empleado únicamente en mover partidos contra la autoridad, porque su espíritu sólo caminaba al plan de Independencia absoluta; y le atribuía estar íntimamente ligado con el Escribano Don Joaquín Lindo, a quien, según expresaba, se debían los males de la Provincia de Comayagua, como a aquél los de la Provincia de Tegucigalpa.

Lo que quiere decir que Don Joaquín Lindo, con su hijo Don Juan, con quien siempre marchó de acuerdo, mientras se mostraba devoto servidor del régimen colonial, estaba prestando su concurso en favor de la causa de la Independencia.

Esta se proclamó en Guatemala el 15 de septiembre de 1821: el 28 del mismo se proclamó en Comayagua, con la precisa condición de que la Provincia había de quedar sujeta al Gobierno que se estableciera m México. Firman el acta Tinaco de Contreras y Don Joaquín Lindo, con las demás personas que componían la Diputación Provincial, el Ayuntamiento y las Corporaciones eclesiásticas, seculares y de hacienda. No aparece en el acta la firma de Don Juan, pero éste juró la Independencia en los términos contenidos en ella.

¡Singular contraste! Las recomendaciones de Tinaco a favor de Don Juan Lindo y de su padre y el prestigio que éstos habían adquirido en la Corte, por las noticias que en ella se tenían de su conducta, habían producido su efecto. El 26 de septiembre, dos días antes de la proclamación de la Independencia en Comayagua, en Real Orden del Ministro de la Gobernación de Ultramar, Don Ramón

López Pelegrín, dirigido al Secretario de Estado y del Despacho de Gracia y Justicia, le participaba que S. M. había nombrado, por decreto de la misma fecha, Jefe Político de Comayagua, a Don Juan Nepomuceno Fernández Lindo, en consideración a sus méritos y adhesión a la Constitución Política de la Monarquía.

Parece que Don Juan nunca recibió este nombramiento ni supo de él. Si se hubiera dictado seis meses antes y hubiera llegado en los das de la Independencia, ¿cuál habría sido la actitud del nombrado? ¿Habría hecho la proclamación del 28 de septiembre, como lo hizo Tinoco de Contreras? ¿Habría tratado de contener el movimiento de Independencia en la Provincia o de aplazarlo?

O en presencia de los compromisos de su padre con los independientes, de los que él participaba, ¿habría hecho alarde de rechazar el nombramiento del Rey para constituirse en el principal jefe y director del movimiento? Hasta allí el problema de la Independencia era de un éxito dudoso, y no sería aventurado pensar que Lindo habría preferido lo cierto a lo incierto y que habría sido capaz de defender la Autoridad Real con su nombramiento. Pero nada puede decirse en firme al respecto.

II

LA PROVINCIA de Tegucigalpa recién segregada de Comayagua, proclamó también la Independencia el 28 de septiembre, pero con sujeción al plan del Acta del 15, firmada en Guatemala.

El Gobernador Tinoco de Contreras trató de que Tegucigalpa aceptara la subordinación a México, y ante su resistencia, pretendió someterla por las armas: Tegucigalpa se preparó a la defensa y obtuvo auxilios de Guatemala.

Pero el artículo 2° del Acta del 15 de Septiembre no había sido del agrado de Don Agustín de Iturbide, que había proclamado el Plan de Iguala y quería la anexión de las Provincias del Antiguo Reino de Guatemala a México. La Junta Consultiva de Gobierno, creada conforme a aquella Acta, mandó en circular de 30 de noviembre, celebrar cabildos abiertos para que expresaran su voluntad sobre el particular.

En Acta de 15 de noviembre, la Junta de Gobierno de Comayagua había acordado, con motivo de la actitud de Guatemala, que Tinoco de Contreras, conservando su empleo de Capitán General, pasara a México a dar cuenta de lo ocurrido y que dividiera los demás cargos, dándolos a personas que hubieran acreditado su patriotismo y que merecieran la confianza de la Junta. Hizo Tinaco los nombramientos, confiriendo el de Jefe Político a Don Juan Lindo, quien el 21 tomó posesión de su puesto. Lindo entró en correspondencia con Tegucigalpa con el objeto de atraérsela y después de varias comunicaciones, el Ayuntamiento le contestó en 14 de diciembre que Tegucigalpa procedería conforme lo exigían la razón, la justicia y el bien de los pueblos, añadiendo: "Dependerá acaso de Guatemala: dependerá acaso de México: podrá depender de esto el otro Gobierno, que la mayoría de los votos de la Nación decida; pero en ningún caso quiere depender de Comayagua y mucho menos de autoridades que no son constituidas por la ley ni por la voluntad libre de los pueblos y que han causado a toda la Provincia males que la aritmética de lo infinito no puede enumerar".

Entretanto, Lindo había dirigido, desde el 2 de diciembre, a los pueblos de Comayagua y Tegucigalpa, la siguiente circular:

"Juan Nepomuceno Fernández Lindo, Abogado de la Excelentísima Audiencia de México, Alférez Real del Antiguo Ayuntamiento, Jefe Político Superior y Presidente de la Excelentísima Diputación, en quien reside el Gobierno único Superior independiente de la Provincia de Honduras, parte integrante del Imperio Mexicano.

Por cuanto es llegado el feliz momento de dar conocimiento al Soberano Gobierno del Imperio, de las ciudades, villas y pueblos de esta Provincia que le imitaron en su juramento de independencia del Gobierno español, reconociendo a Fernando VII en el Imperio o a alguno de su familia y uniéndose a aquel Supremo Gobierno, debiéndolo hacer con documentos que lo acrediten en toda forma, acordó librar la presente cordillera para que los Ayuntamientos y pueblos del margen pongan a continuación de ella, la diligencia siguiente. Después de poner la fecha y nombre del pueblo del Ayuntamiento, esta razón, firmada de los Alcaldes y Regidores: "Este pueblo se unió en su juramento de independencia al Imperio Mexicano, en el cual reconocerá por Soberano a Fernando VII lo a alguno de su familia".

Esta razón fue firmada por los pueblos que obedecían a Comayagua.

Al ver Lindo que no podía atraerse a la Provincia de Tegucigalpa, solicitó auxilios militares de la Junta Provincial de León para someterla y someter a los partidos de Olancho, Santa Bárbara, Gracias y Omoa, que se habían segregado de Comayagua.

El Ayuntamiento de Tegucigalpa, que había ya contestado a la Junta Consultiva de Guatemala sobre la anexión a México, reclamó ante la Junta de León contra la solicitud de Lindo, le dio a conocer el verdadero estado de las ocurrencias entre Comayagua y Tegucigalpa y le dijo entre otras cosas:

"Hemos creído mejor remitir la decisión de nuestra causa y el castigo de nuestros opresores al Gobierno del Imperio Mexicano, que tomar con nuestra mano la venganza cuando para esto sería necesaria acaso sacrificar víctimas inocentes.

Tegucigalpa es un pueblo libre; no ofende la libertad de los otros ni menos perturba el orden que hayan adoptado; pero Tegucigalpa será el sepulcro de los enemigos de su libertad y derechos".

El Ayuntamiento decía esto a la Junta de León dos días después de que la Junta Consultiva de Guatemala había decretado la anexión a México: en su voto se había remitido a lo que la Junta de Guatemala decidiera.

III

COMO CONSECUENCIA de la anexión, las provincias eligieron diputados al Congreso del Imperio.

Lindo y su adre fueron elegidos por Comayagua, y marcharon a México. El primero dejó en su lugar como Gobernador Político Superior a don Juan Garrigó, quien tomó posesión del cargo el 29 de marzo.

Incorporados aquéllos al Congreso, se dio cuenta, en la sesión del 25 de abril, de un oficio del Secretario de Estado y del Despacho de Relaciones, con inserción del expediente que habían promovido ante la Regencia, como apoderados del Ayuntamiento de Comayagua y otros trece pueblos de la Provincia de Honduras, que solicitaban su separación del Reiría de Guatemala. Se pasó a comisión el asunto, y en la sesión del 20 de junio se informó que ya estaba despachado, pero no se había podido dar cuenta de él por los negocios de preferencia que habían ocupado al Congreso.

En la sesión del 4 de julio se leyó otra solicitud de Don Joaquín y de Don Juan Lindo y de Don Cayetano Bosque, Diputado también por Comayagua, contraída al asunto pendiente sobre la incorporación de las provincias de Guatemala, y se mandó tener presente para el día de la discusión.

A este tiempo la Regencia había desaparecido e Iturbide se había hecho proclamar Emperador de México, habiéndose coronado el 21 de junio con el nombre de Agustín I. El 25 del mismo, Don Juan Lindo comunicaba a las autoridades de Honduras que Su Majestad Imperial le había conferido el cargo de Jefe Superior Político interino e Intendente en propiedad de esta provincia y con posterioridad al 4 de julio se puso en camino para Comayagua, en donde el 12 de Octubre tomó posesión de sus cargos.

Difiere la conducta de Lindo con la de su compatriota Don José Cecilia del Valle, Diputado por Tegucigalpa. Aquel se empeñó en solicitar la incorporación de varios pueblos de Honduras a México, separándolos del Reino de Guatemala, y se captó el favor de Iturbide, logrando los nombramientos de que se ha hablado. Valle obtuvo triunfos en la Asamblea, oponiéndose a las iniciativas despóticas del Poder Ejecutivo que, considerados delitos, habían de dar por resultado que, con otros Diputados, militares y paisanos, fuera preso y recluso como reo de Estado en el Convento de Santo Domingo; y cuando cayó el Imperio, en el que fue obligado a desempeñar la Secretaría de Estado, evidenció la nulidad del acta de anexión a México, de 5 de enero de 1822, hasta obtener del Congreso Mexicano la declaración de que las provincias de Guatemala eran independientes de México.

Tan pronto como Lindo entró al ejercicio de sus funciones, propuso al Ayuntamiento de Tegucigalpa un juramento de unión con el de Comayagua, que debía celebrarse ante él en Rancho Grande, en manos de sus respectivos curas. El Ayuntamiento le contestó no tener facultades para dar ese paso, el que era arriesgado porque los pueblos podían sospechar que se les quería someter al gobierno de aquella ciudad. Lindo insistió en ello, pero el Ayuntamiento de Tegucigalpa se mostró irreductible.

Lindo dictó el 30 de octubre una orden sobre apertura de escuelas de primeras letras, a las que deberían asistir los niños desde la edad de cinco años hasta la de catorce sin distinción de clases, pues no las había. Este modo de razonar de Lindo es digno de atención por el contrario a la naturaleza de las instituciones imperiales y antes bien propio de las instituciones republicanas, para las que no hay más clases que las fundadas en la virtud, el talento y el saber. Pero el rasgo, en sí, revela al hombre que más tarde había de singularizarse como civilizador.

El Emperador Iturbide, por decreto de 31 de octubre, disolvió el Congreso y se declaró monarca absoluto.

A este tiempo, el Brigadier Vicente Filísola, que había venido enviado por la Regencia a sustituir a Gainza en el Gobierno del Reino, trataba de someter a San Salvador, que se había opuesto a la anexión a México. Filísola, de Santa Ana pidió, a principios de noviembre, a Lindo, en su carácter de Jefe Superior Político de Comayagua, que le enviara tropas para marchar sobre San Salvador, y Lindo le envió el auxilio solicitado. La empresa fue realizada a mucha costa: el sitiador no entró a la ciudad hasta el 9 de febrero de 1823.

A este respecto escribía Lindo a Tegucigalpa el 17: "Por oficio del señor Brigadier D. Vicente Filísola, hecho en Mexicanos a 8 del que rige, dirigido al Comandante D. Manuel Martínez, se sabe, por diferentes copias que han mandado varios sujetos de la ciudad de San Miguel, que nuestras tropas imperiales se apoderaron el día 7 de la ciudad de San Salvador, fugándose por la noche los cabecillas con muy pocos de sus partidarios. Para evitar los perjuicios de saqueos, insultos, etc., que causan esta clase de gentes dispersas, regularmente a los pueblos, se pondrá, para seguridad de esa Provincia, una División en el Portillo del Norte y otra en el partido de Siguatepeque (que marchan mañana) en disposición de poder obrar en uno y otro punto en caso que sea necesario con mayor fuerza disponible que se halla preparada al efecto".

La pérdida de los sitiadores de San Salvador había sido de doce muertos y cuarenta heridos, siendo cuatro veces mayor al de los defensores de la plaza.

Las fuerzas que de ésta salieron eran, según unos, doscientos hombres y según otros, ochocientos. Se dirigieron a Olocuilta y después de muchas marchas y contramarchas, tomaron el camino de Gualsince, pueblo de Comayagua, perseguidos por Filísola. Este dirigió a Lindo, el 21 de febrero la parte siguiente:

"En este día se han rendido los restos de las tropas de san Salvador, que se hallaban posesionados de Gualsince, entregando todas las armas. Lo comunico a U. S. para que ahorre gastos en levantar tropas y para que haga saber a los pueblos de su mando que se ha concluido la guerra. La Provincia de San Salvador goza de la paz y las demás colindantes pueden estar tranquilas sobre su suerte política. Solamente le resta a U. S. velar por que sean perseguidos algunos disperses que se internen a estos pueblos. Doy a U. S. las más expresivas gracias por los auxilios que se ha esforzado a prestarme para tan importante objeto, congratulándome con U. S. del feliz éxito de las armas del Imperio, cuyo resultado ha sido, como queda dicho, la estable tranquilidad de las Provincias; quedando a disposición del Emperador 36 cañones de todos calibres, 800 fusiles a excepción de algunos que se han llevado los dispersos, 3000 tercios de tabaco, añil y otros efectos pertenecientes a la Nación y a particulares. Dios guarde a U. S. muchos años. —Aldea de Mapulaca, 21 de febrero de 1823. —Vicente Filísola. —Señor Don Juan Lindo, Jefe Político Superior de la Provincia de Honduras".

Lindo, en la misma fecha, se había dirigido al Ayuntamiento de Tegucigalpa, diciéndole:

"El verdadero mérito y patriotismo no han de quedarse sin premio en nuestra Provincia; tales virtudes se eternizan y pasan hasta más allá de la vida.

El heroico oficial y soldados imperiales que gloriosamente se sacrificaron por afianzar nuestra libertad y tranquilidad en la acción de San Salvador a las órdenes de nuestro invicto Filísola exigen de nuestra gratitud alguna recompensa pecuniaria para auxilio de sus viudas, madres o herederos; y constándome la generosidad de los habitantes de esta Provincia he acordado promover una suscripción, encargándola a los Ayuntamientos. Estos remitirán la lista de los que dieren para publicarse en La Gaceta".

La estable tranquilidad de las Provincias de que hablaba Filísola a Lindo y el deseo de éste, de obtener una suscripción para los familiares de los imperialistas que perdieron la vida en la acción de San Salvador tenían al frente la revolución iniciada por Santa Ana en Casa Mata el 6 de Diciembre de 1822 contra el Imperio. La revolución había de concluir con la abdicación de Iturbide, la que hizo el 20 de Marzo de 1823, después de la cual se embarcó en Veracruz en el bergantín Rawlíns para Italia.

Filísola había recibido las excitativas que le dirigieron los Generales Echavarri y Bravo para que se adhiriese al Plan de Casa Mata. En el acto se dirigió a Guatemala, enterando a Lindo de la situación política de México y diciéndole que nada resolvería sin ponerse de acuerdo con él.

Filísola, después de haber vacilado sobre lo que debía hacer y a instancia de varias personas notables, sin haberse entendido con Lindo, expidió el 29 de marzo, en concepto de Jefe Superior Político, un decreto de convocatoria para la reunión en Guatemala de los Diputados de las provincias que hasta el 5 de enero de 1822 se mantuvieron unidas y adictas o reconocieron al Gobierno que se instaló el 15 de Septiembre de 1821; procediéndose eón arreglo al Acta de Independencia.

Y se invitaría a las provincias de Comayagua, Chiapas, Quezaltenango, León de Nicaragua y Costa Rica a que enviasen Sus representantes si querían adherirse, por ser comunes e idénticos sus intereses. El Congreso resolverla sobre el artículo 2° del Acta, examinaría el pacto de unión a México y adoptaría el partido que conviniera a las provincias.

Lindo objetó el decreto, observando que Guatemala podía aún tener gran preponderancia e influjo en las deliberaciones del Congreso y que las circunstancias para la reunión de éste eran menos favorables que aquellas en que se celebró el Acta del 15 de septiembre. Por esto el 16 de abril proponía a Tegucigalpa que un individuo nombrado por su Ayuntamiento, representando la voluntad de todos, asistiera a la Junta que debía celebrarse en Comayagua en 10 de mayo, en la cual se resolvería lo que acordase con absoluta libertad el mayor número. Hacía también presente la circunstancia de que el Diputado Valle era el eje principal del gobierno en México.

Tegucigalpa contestó a Lindo el 19 manifestándole no poder convenir en un plan semejante. Si había artículos objetables en el decreto del 29 de marzo, habría Congreso y sus Diputados sabrían reclamarlos. No era de temer la preponderancia de Guatemala en las deliberaciones del Congreso, porque era fácil que éste se reuniera en otro punto que teniendo las proporciones no tuviese los inconvenientes de aquella capital. El 15 de septiembre la opinión estaba mucho más dividida que en aquellos momentos en que había ya alcanzado progresos indecibles en favor de la soberanía de la nación. No eran los Ayuntamientos ni todos estos Cuerpos juntos ni Corporación ninguna, fuera de la clase que fuese, sino un Congreso Constituyente quien debía decretar la unión o desunión de un Gobierno. Y era un honor y una ventaja para Comayagua y Tegucigalpa, la posición del Señor Valle, y si las cosas hubieran de subsistir como estaban debían prometer a estas provincias muchos bienes; pero si en lugar de Ministro fuese Emperador Don José del Valle, no pensaría el Ayuntamiento de otro modo ni dejaría por eso de conocer, proclamar y defender altamente los derechos de los pueblos y de la soberanía nacional. De todo lo cual deducía que no tenía autoridad para mandar el enviado que proponía y que ni éste ni ninguna Junta podía comprometer la voluntad y derechos de los pueblos.

Entretanto se había organizado en León una Junta Gobierno, que invitó a Comayagua, Tegucigalpa, Granada y Costa Rica a enviar representantes a un Congreso para decidir si debía admitirse el decreto de convocatoria de Filísola. Tegucigalpa no aceptó la invitación de la Junta; Comayagua no la aceptó tampoco; y habiendo llegado por entonces las noticias de la caída del Imperio, Comayagua, en 10 de mayo, acordó unirse a las demás provincias del Reino con el objeto de formar una nación independiente; pero reservándose la libertad de reconocer de nuevo a Iturbide como legítimo Emperador, caso de que volviera a ocupar el trono imperial.

Se procedió a elecciones de Diputados en Honduras al Congreso de Guatemala. Resultaron elegidos: por Tegucigalpa Don José Cecilia del Valle, Presbítero Don Francisco Márquez y Don Próspero Herrera, suplente este último; por Gracias Don José Jerónimo Zelaya, Don Miguel Antonio Pineda y Don Juan Esteban Milla; por Comayagua, Don Joaquín Lindo, el padre de Don Juan; Don José Francisco Zelaya, Deán Don Juan Miguel Fiallos y el Provisor Don José Nicolás Irías, y por Olancho, Don Francisco Aguirre.

El Congreso no pudo instalarse el 1° de junio, fecha al efecto señalada. Se reunió el 24 del mismo, y el 1° de julio dictó la segunda declaración de Independencia, que México había de reconocer, a esfuerzos de Valle, el 20 de Agosto siguiente. El Acta de 1° de julio no fue firmada por los Diputados de Honduras, hecha excepción de D. Francisco Aguirre, hasta el 1° de Octubre.

El Poder Ejecutivo Provisional que se había creado en Guatemala, en la mira de ir preparando el arreglo de las dificultades de Honduras, nacidas de la división entre Comayagua y Tegucigalpa, nombró al Jefe Político Don Juan Lindo el 8 de agosto Magistrado Fiscal de la Corte Territorial de Justicia de Guatemala. El 31 comunicó Lindo su nombramiento a la Municipalidad de Tegucigalpa y le manifestó, a la vez, que deseaba vivamente ser útil a cada individuo de ella y le complacería que el empleo a que era llamado le proporcionas, e ocasión de satisfacerla y sacrificarse por el bien y felicidad de las personas a quienes por varios vínculos sagrados estaba unido.

Pero Lindo, no obstante parecer que estaba pronto a ir a Guatemala a hacerse cargo del nuevo empleo, permaneció en Comayagua sin separarse del antiguo. Y comunicaba a Tegucigalpa todos los decretos que recibía, para su observancia. Esto hizo que el Jefe Político de Tegucigalpa, D. Dionisio de Herrera, dirigiera el 24 de septiembre al Ejecutivo una comunicación en que manifestaba que el territorio de la Provincia de Tegucigalpa, se había considerado por los Gobiernos anteriores como una provincia separada de Comayagua y que cuando había llegado el caso de que, del Gobierno de ésta, se le comunicase algún decreto u orden no se había obedecido y se habían devuelto: que ignoraba si se había publicado alguna ley constitucional que derogara la separación del partido; y que por ello había suspendido la publicación de los decretos comunicados por un conducto tan odioso.

El Ejecutivo, deseando remover todo móvil que fomentara la desunión y odiosidad lastimosa de dos pueblos que debieran fraternizar, acordó el 7 de octubre, mientras la Asamblea Constituyente resolvía sobre la separación, que se comunicasen directamente a Tegucigalpa, las órdenes y decretos que se circulan.

La asonada de Ariza y Torres, que había ocurrido el 14 de septiembre hizo que Lindo mandara poner en armas a todos los pueblos para el socorro de las autoridades amenazadas. Lindo ofreció enviar al Poder Ejecutivo dos mil hombres, lo que no fue necesario por haber terminado pronto el incidente.

Habiendo renunciado a causa de la asonada, los triunviros que ejercían el Poder Ejecutivo, Dr. Don Pedro Malina, Lic. Don Antonio Rivera Cabezas y Don Juan Vicente Villacorta, la Asamblea Constituyente nombró en su lugar a Don Manuel José de Arce, Don José del Valle y Don Tomás O'Horán; pero ausentes los dos primeros, nombró sustitutos a Don José Santiago Milla y a Don José Francisco Barrundia. Habiendo éste renunciado, llamó de nuevo al señor Villacorta.

Don Juan Lindo, por enfermedad, había dejado sus empleos de Jefe Político e Intendente a cargo de Don Ildefonso Vásquez. El 11 de febrero de 1824, enterado de que la Municipalidad trataba de elevar una representación contra él. Y contra el Teniente de Escribano Ciriaco Velásquez, al Poder Ejecutivo, quiso entorpecerla. Se unió con su pariente el Comandante Manuel Zelaya, quien reunió su tropa en el cuartel y en la armería, donde apostó dos cañones, y puso guardia en la casa del mismo Lindo. Este pasó a la sala Municipal: reconvino a la Corporación que estaba reunida y como halló resistencia la amenazó diciéndole que tenía tropas para hacerse respetar. La Corporación entonces lo despojó de sus empleos y despojó también a Velásquez del suyo, acusando al primero de defraudación de las rentas nacionales y al segundo de suplantación de firmas.

Lindo tuvo que salir de Comayagua y se trasladó a Aramecina. De este pueblo dirigió circulares a los partidos de la provincia para que no obedeciesen al Gobierno de Comayagua, lanzó un manifiesto y elevó una representación a la Asamblea.

Decía Lindo que por sus enfermedades, había renunciado dos veces sus empleos y el Poder Ejecutivo no admitió la renuncia: que no había querido sostenerse en ellos por la fuerza, porque temía que hubiese un ejemplar de que ésta gobernase alguna vez a pueblos libres: que los falsos patriotas, aprovechando la malignidad de unos la ignorancia de otros, habían logrado que la Municipalidad se resistiese a que tomase el mando sin que en ello tuviera culpa el Jefe accidental: que ya Comayagua había sufrido el despojo de su Alcalde 2° contra el decreto de 5 de enero del mismo año: que decían que su padre se había interesado en la Asamblea para que hubiera Cuño en Tegucigalpa, lo cual ignoraba, pero daba por bien hecho, a ser cierto, pues esto demostraría que sabía olvidar agravios cuando se trataba del bien general: que aseguraron que si le quitaban el mando se sujetaría Tegucigalpa a Comayagua; y finalmente que las verdaderas causas de su despojo fueron: haber sostenido con firmeza la igualdad de todos los ciudadanos: haber despachado las solicitudes de todos sin cobrarles derechos: haber impedido que los Juzgados de la capital mandasen en los demás Juzgados de los otros pueblos: y no haber dado empleos superfluos; todo lo cual acreditaría el tiempo.

Diez y seis Municipalidades manifestaron a Lindo que se atendrían a lo que acordara el Gobierno, a quien correspondía resolver el caso. El Gobierno dio cuenta a la Asamblea de los antecedentes que sobre el particular le remitió la Municipalidad de Comayagua, y nombró entretanto Jefe Político y Comandante de Armas de la provincia al Coronel Don Simón Gutiérrez.

Mientras llegaba Gutiérrez a Comayagua, debía instruir la causa correspondiente el Comandante Vicente Irigoyen. Este no aceptó la comisión y quedaron los mandos en el Alcalde 1º Don Severino Quiñónez el de Jefe Político Superior, en el Ministro de Hacienda más antiguo la Intendencia y en él Oficial de mayor graduación la Comandancia. Luego se recibió el acuerdo de 6 de abril, en que el Poder Ejecutivo nombró interinamente para el mando Militar al Capitán Remigio Díaz, y para el Político y de Hacienda al ciudadano Juan José Díaz. De éstos entró en posesión el segundo, el día 13. El primero estaba ausente. El 15 del mismo mes el Poder Ejecutivo declaró a Lindo suspenso en sus funciones.

En este estado las cosas, una Comisión de la Asamblea compuesta de los Diputados Coronado, Larrave, Córdova y Rosales, abrió dictamen sobre la consulta del Gobierno. Dijo que la Municipalidad ostentaba como causal del despojo de Don Juan Lindo el haber el padre de éste, Diputado Don Joaquín Lindo, opinado en la Asamblea que se amortizase la moneda acuñada en Comayagua, lo que hizo con calor tal que no fue necesario que los Diputados de Tegucigalpa se esforzaran en el particular.

Y fue de parecer que esto era un golpe dado a la inviolabilidad de los Diputados, fuera de que la Municipalidad no tenía facultades para el despojo; y añadió que se hiciera entender a esta Corporación que el nombramiento hecho en Gutiérrez para ir a reasumir los mandos, averiguar las ocurrencias e informar al Gobierno no era, en manera alguna, como lo había supuesto, una aprobación del atentado cometido en la deposición de sus principales Jefes. E indicó que se procediera contra los culpados.

Las conclusiones del dictamen no merecen objeción; pero se advierte que los comisionados no indican nada respecto a los demás cargos que la Municipalidad de Comayagua hacía; probablemente quisieron callar acerca de ellos, ya que Lindo estaba suspenso y que era imprudente tomar una resolución inmediata sobre hechos que se decía motivaron el despojo, pues era autorizar éste hasta cierto punto.

Se ve en la conducta de la Municipalidad de Comayagua un nuevo modo de trastorno del que más tarde se habían de presentar ejemplares parecidos. Ya el Marqués de Aycinena les había dado a los Ayuntamientos ocasión de probar el exceso de atribuciones, falseando por medio de él la voluntad del pueblo cuando se trató de la anexión a México. En el caso de Lindo se ve un paso de avance por el mismo camino y años después Presidentes, cuyo mandato legal había terminado, o caudillos ambiciosos; que querían llegar a la Presidencia, habían de solicitar y conseguir actas Municipales para declarar la voluntad popular a favor de unos u otros. Ya la anarquía tenía a su disposición dos procedimientos para enseñorearse de la suerte de la patria: asonadas tumultuarias como la que encabezó Justo Centeno en Tegucigalpa en 1822, con la que logró que se depusiera al Comandante Don Francisco Aguirre y que ocupara su lugar el ciudadano León Rosa, y golpes de autoridad como el atentado de Comayagua.

Pero si bien hay que condenar este atentado, hay que reconocer que la conducta de Don Joaquín Lindo y de su hijo Don Juan les había enajenado simpatías y explica, aunque no justifica, el procedimiento de la Municipalidad. Esta se quejaba de que Don Joaquín pretendía vincular a su hijo en los mandos, de la dilapidación del Erario en mantener tropas y caprichos, quedando, al disolverse aquéllas, por la falta de dinero hombres ociosos y llenos de vicios, y de que Don Joaquín fue inconsecuente, siendo poco antes había execrado y finalmente del nuevo Gobierno que abrazó, con la reserva relativa a que volviese al trono Iturbide, sin duda por el favor de que con éste disfrutó su hijo.

Don Joaquín Lindo pidió luego permiso a la Asamblea para mudar temperamento por enfermedad y se le concedió. Con la idea de que el pueblo bajo lo estimaba y conocía la injusticia de la disposición de Don Juan, venía a procurar que las Municipalidades pidiesen que se le repusiera en sus cargos. La de Comayagua pretendió impedirle la entrada a la Provincia y al efecto hizo una representación al Ejecutivo. Lindo no había de ser repuesto en sus cargos.

IV

EL DIPUTADO Márquez había recibido instrucciones de promover, en la Asamblea Constituyente, la erección de Tegucigalpa en Estado, debiendo comprender la jurisdicción de la Alcaldía Mayor del mismo nombre, el partido de Olancho. Trujillo y Olanchito, anexándosele el partido de Segovia: pero el 15 de noviembre de 1823 escribía que no era posible formar tal Estado, por lo que había convenido con los Diputados por Comayagua en un plan, conforme al cual se constituiría en la Federación un Estado de las dos Provincias de Honduras, la Legislatura se reuniría alternativamente en

Comayagua y Tegucigalpa, y para la primera decidiría la suerte. Este plan fue aceptado, y así no tuvo tropiezo por las pretensiones de Tegucigalpa el Proyecto de Bases Constitucionales para las Provincias Unidas del Centro de América que se leyó en la sesión del 25 de octubre y que fue aprobado por la Asamblea, la que mandó publicarlo el 17 de diciembre.

El 5 de febrero de 1824 tomó posesión de su puesto como individuo del Poder Ejecutivo Federal, Don José Cecilia del Valle, recién llegado de México.

La Asamblea decretó en 5 de mayo que en todos los que habían de ser Estados se procediera a reunir sus Congresos Constituyentes y a nombrar los Jefes y Vicejefes que debieran ejercer provisionalmente el Poder Ejecutivo. Para la organización del Estado de Honduras, Tegucigalpa envió comisionados a Comayagua, y habiendo buena disposición para tratar, se convino en que el Congreso se reuniría en Cedros. La reunión se verificó el 29 de agosto, asistiendo a ella los Jefes Políticos de Tegucigalpa, Don Dionisio de Herrera, y de Comayagua, Don Juan José Díaz. El Congreso decretó el 30, que se reuniría alternativamente un año en Tegucigalpa y otro en Comayagua correspondiendo a Tegucigalpa el primer año por haberlo decidido así la suerte, no pudiendo haber variación en los dos primeros años, a menos que hubiera causa extraordinaria.

Dictado este decreto, el Congreso se trasladó a Tegucigalpa y en la sesión del 16 de septiembre, procedió al escrutinio de votos para Jefe y Vicejefe del Estado. No habiendo mayoría absoluta, nombró, conforme al artículo 12 del Decreto de 5 de mayo, Jefe. del Estado, a Don Dionisio de Herrera, y Vicejefe, a Don José Justo Milla, declarando que el Jefe duraría cuatro años y tendría las atribuciones que señalaba el artículo 34 de las Bases sancionadas por la Asamblea Nacional Constituyente, el 17 de diciembre de 1823. Herrera entró el mismo día al ejercicio de sus funciones y el 28 del mismo nombró Secretario de Estado y del Despacho General, al ciudadano Francisco Morazán.

El 22 de noviembre, se firmó la Constitución Federal. El Congreso del Estado de Honduras, que había cambiado su nombre por el de Asamblea del Estado, juró esta Constitución el 20 de febrero de 1825 en Coma yagua, a donde se había trasladado en virtud del Decreto de 22 de enero.

Esta Asamblea, que estaba procurando organizar los Poderes del Estado, nombró Magistrados de la Corte Superior del mismo, y el 23 de julio nombró a Don Juan Lindo, Fiscal de ella. Señaló la sesión del 9 de septiembre para que los Magistrados y el Fiscal prestaran el juramento. La instalación del Tribunal se verificaría en Comayagua, en donde residiría por entonces.

Lindo se negó a desempeñar el cargo de Fiscal mientras no se hiciese declaración sobre la legalidad o ilegalidad del despojo de que había sido víctima. La Asamblea hizo dirigir al C. Ministro de Estado y del Despacho General la comunicación siguiente:

"El Lic. Juan Lindo, Fiscal electo para la Alta Corte de Justicia, representó a esta Asamblea los motivos que le obligaron a no desempeñar su empleo mientras que, por la misma Asamblea, no se declare la legalidad o ilegalidad de los procedimientos del Cuerpo Municipal de esta ciudad en el año de 24, al ejecutar su despojo. La Asamblea acordó: que no teniendo da tos de que el despojo que se hizo al C. Juan Lindo del Gobierno e Intendencia de la Provincia fuese ejecutado por autoridad legítima y por los trámites legales, lo creyó apto para el destino de Fiscal en la Corte Superior de Justicia del Estado, para el cual le dieron sus votos cinco partidos. Que este hecho solo manifiesta que es un ciudadano en el ejercicio de sus derechos y que, como tal, debe servir el destino a que lo llama la ley; pudiendo pedir la satisfacción de los agravios que se le hubiesen inferido ante la autoridad judicial. De orden de la misma Asamblea lo comunico a Ud. Para inteligencia y cumplimiento del Gobierno. —D. U. L.— Comayagua, noviembre 11 de 1825. — José María del Campo, Diputado Secretario. — José María Donayre, Diputado Secretario".

No hemos hallado noticia de que Lindo haya entablado acción judicial alguna.

La Asamblea señaló el 10 de diciembre para la reunión de los Magistrados de la Corte: no se pudo efectuar. El 28 de julio la Asamblea mandó proceder a las elecciones de Diputados para la primera Asamblea ordinaria del Estado. En el mismo decreto estableció que habría un Consejo. Representativo que, mientras se hacía la división del Estado conforme al artículo 179 de la Constitución Federal, se compondría de cuatro individuos para los casos que previniera la Constitución. El 11 de diciembre, la Asamblea procedió al escrutinio de los votos para individuos del Consejo Representativo del Estado y declaró que estaban electos: propietarios los ciudadanos Deán Don Juan Miguel Fiallos, Don Vicente Ariza Don Francisco Morazán y Don Ciriaco Velásquez; suplentes: los ciudadanos Don Felipe Reyes y Presbítero Don José María Rivera. En el mismo decreto se dispuso que el Consejo se instalara el día siguiente al de la apertura de las sesiones de la primera Asamblea ordinaria.

El mismo día 11 de diciembre, se firmó la Constitución del Estado y el 12, la Asamblea Constituyente cerró sus sesiones.

A este tiempo ejercía la Presidencia de Centro América, Don Manuel José Arce, quien había tomado posesión de ella el 29 de abril. El Congreso Federal, instalado el 6 de febrero anterior, lo había elegido, defraudando la voluntad popular que se había manifestado en las elecciones a favor de Don José Cecilio del Valle.

El 5 de abril de 1826 se instaló en Comayagua la primera Asamblea ordinaria del Estado. A ella fue elegido Diputado Don Juan Lindo. El 6 de abril se instaló el Consejo, habiendo sido designado Presidente de él, Don Francisco Morazán y Secretario Don Santos Bardales. Morazán fue sustituido en el Ministerio General por Don Liberato Moneada.

El Presidente Arce estaba preparando una reforma de la Constitución, por parecerle impracticable la forma federal de Gobierno. Para ello había que hacer a un lado los obstáculos y uno de ellos era la presencia de Don Dionisio de Herrera en el Gobierno del Estado de Honduras.

En la sesión del 17 de abril, la Asamblea ordinaria admitió la renuncia que de Guatemala le envió Don José Justo Milla, de su cargo de Vicejefe del Estado. Coincidiendo con la admisión de esta renuncia, el Diputado Pablo Irías hizo proposición para que se mandara practicar nueva elección de Jefe Supremo del Estado, porque, según afirmaba, había sido nombrado provisionalmente y desde que se publicó la Constitución del Estado debieron cesar sus funciones como cesaron las de la Asamblea Constituyente; y pidió que de momento se discutiera su proposición. Se accedió a lo pedido, con protesta del Diputado Milla, y se dictó la orden de elecciones.

Esta orden fue reclamada por el Consejo Representativo, manifestando que estaba en oposición con el artículo 39 de las Bases, con el 187 de la Constitución de la República y con el 41 de la del Estado, en consonancia con el 3º de la ley de 16 de septiembre. Entonces se consultó al Senado Federal, y éste acordó que la

Asamblea tomara de nuevo en consideración el asunto y excitó al Consejo a contribuir a la concordia. Todo fue inútil. La Asamblea insistió y el Consejo acabó por aprobar la orden de elecciones. El 1° de junio se dictó la ley conforme a la cual se debía proceder a ellas. Herrera, para evitar mayores dificultades, renunció su cargo el 12 de julio; pero la Asamblea se negó a tomar en consideración su renuncia, fundándose en que no había número para deliberar.

Así, pues, ni se practicaron las elecciones ni se admitió la renuncia de Herrera, y éste continuó en el Poder. Es de advertir que, de renovarse la elección del Jefe, debía renovarse también la del Presidente y la de los otros Jefes de Estado de la Federación, pues todos se hallaban en las mismas condiciones que el primero. Sin embargo, no se intentó tal renovación.

Fracasada esta intentona para derrocar a Herrera, había que buscar otros medios. Incorporado a la Asamblea el Diputado Don Juan Lindo, quien vino a ocupar su puesto, instado por el Presidente Arce, propuso en la sesión del 7 de agosto, con sus colegas Castejón y Andrade, que se declarara que no había ni podía haber Consejo con el número de tres individuos, ya que siendo siete los departamentos, debía haber siete Consejeros, y sería monstruoso que tres departamentos impusieron la ley a cuatro.

Lindo olvidaba o fingía olvidar que en el decreto citado de 28 de julio se había mandado crear un Consejo Representativo que se compondría de cuatro individuos mientras se hacía la división del Estado, y por ello se eligieron cuatro, como queda dicho. El Consejo se instaló con los ciudadanos Fiallos, Velásquez y Morazán; y conforme a la ley, en virtud de la cual se practicó la elección, el Consejo se había reunido con la mayoría de sus individuos, que representaba indudablemente la mayoría del Estado, puesto que sólo cuatro se habían mandado elegir por todo él: en consecuencia, no existía la monstruosidad de que Lindo hablaba.

Por otra parte, si bien la Constitución había prescrito que se dividiría el Estado en siete departamentos, no se había practicado la división determinando la jurisdicción de cada uno de ellos y por esta razón, la Asamblea Constituyente, organizando provisionalmente el Consejo el 28 de julio y en mérito del escrutinio de las elecciones practicadas conforme al decreto de aquella fecha, declaró electos, el 11 de diciembre, un día antes de cerrar sus sesiones, los Consejeros y ordenó que el Consejo se instalara el día siguiente al de la apertura de las sesiones de la primera Asamblea ordinaria. Este era el Consejo que Lindo y compañeros querían que se desconociera.

El Diputado Milla demostró la falta de fundamento de la iniciativa de Lindo, al proponer en la sesión del 9, que se acordara la ley para que el Consejo, conforme el artículo 33 de la Constitución, se formara de un representante por cada departamento y que, entretanto, siguiera en sus funciones el actual Consejo provisional, conforme a la ley que lo instituyó. La organización del Consejo, conforme a esta iniciativa, no se decretó hasta el 7 de mayo de 1834, es decir, a los ocho años.

Marure, pues, en su Bosquejo Histórico, se equivocó al decir que el Consejo de Honduras "nunca funcionó constitucionalmente porque, debiendo estar representada en aquel cuerpo, por lo menos, la mayoría de los siete departamentos del Estado, solamente concurrieron los representantes de tres partidos". Es lástima que no haya escrito cuáles eran esos partidos.

No habiendo podido, Lindo y compañeros, lograr que se declarase disuelto el Consejo con su proposición, apeló aquél a otro recurso. El Consejero Ciriaco Velásquez, antiguo Teniente del Escribano Don Joaquín Lindo y amigo de éste y de Don Juan, fue atraído por este último a su causa. Velásquez dejó de asistir al Consejo desde principios de septiembre, con lo que sólo quedaron dos Consejeros, pues Ariza nunca vino de Nicaragua a tomar posesión de su cargo.

Mientras se obtenía la disolución del Consejo, el Padre Provisor y Gobernador del Obispado, Don José Nicolás Irías, había escrito a los Curas y a otras personas invitándolos, con pretextos de religión, a alarmar a los pueblos; y el Consejero Velásquez, al retirarse de sus funciones, esparció papeles para que se negara la obediencia al Gobierno. Luego llegaron las noticias de la prisión del Jefe del Estado de Guatemala, de orden del Presidente Arce, y de los demás atentados de este contra la Constitución.

Esto animó a las facciones de Comayagua a tratar de apoderarse de las armas y de despojar al Jefe Herrera y demás autoridades, plan para cuya realización señalaron la media noche del 5 de octubre, hora en que irían al cuartel, con pretexto de llevar un reo. Pero llovió tanto esa noche que sólo pudo reunirse un pequeño número de facciosos. Descubierto el plan, el Gobierno quiso ser generoso, y solicitó y obtuvo de la Asamblea que lo autorizara para echar un velo a aquellos sucesos, que no podría descorrerse sino por hechos posteriores.

No obstante, nuevos atentados se meditaron. Hubo reuniones de gente armada en la casa del Padre Provisor por varios días; hubo juntas nocturnas en la casa del Consejero Velásquez; se trató de seducir otra vez a los pueblos y se decían amenazas públicamente. El Gobierno se limitaba a medidas de precaución. El movimiento preparado vino a parar en que el 3 de noviembre, a las 2 y media de la mañana, se trató de asesinar al Jefe Herrera, tirándole a un tiempo por las ventanas de la casa cinco balazos. Herrera se salvó, pero dos balas estuvieron a punto de matar a su esposa, juntamente con un hijo de pecho que tenía en sus brazos.

El 10 de octubre, había convocado el Presidente Arce un Congreso Extraordinario que se reuniría en Cojutepeque, para restablecer el orden constitucional. Respecto a Honduras decía que el Estado estaba desorganizado porque no existía el Consejo Representativo, lo que hacía imposible el funcionamiento de la Asamblea Legislativa. Su agente Lindo había sido el autor de la disolución del Consejo, como se ha visto, y ahora se quejaba de esa disolución.

El Jefe Herrera, en defecto del Consejo, convocó a sesiones extraordinarias a la Asamblea y esta resolvió el 23 de diciembre que no se diera cumplimiento al decreto de 10 de octubre: que se excitara al Presidente a procurar que se reunieran el Senado y el Congreso de la Federación y que el Ejecutivo del Estado dispusiera lo conveniente para sofocar la revolución que se fomentaba en varios pueblos del mismo, por los enemigos del sistema y del orden. El 21 de dicho mes había declarado fuera de la ley el ex-Provisor José Nicolás Irías y a todos los que se comprobase que fueran principales autores y cómplices en sus miras revolucionarias. Y mandó levantar la orden del 8 de octubre, sobre que se corriera un velo a los sucesos ocurridos en Comayagua en aquellos días.

El 25 dio su aprobación a la convocatoria que el Vicejefe de El Salvador, Don Mariano Ignacio Prado, hizo a los Estados de Honduras, Nicaragua y Costa Rica, por decreto del 6 del mismo, para la reunión de un Congreso en Ahuachapán, que dictara una medida capaz de restablecer el orden constitucional en la República.

Arce había dispuesto, desde octubre de 1826, invadir Honduras y el 19 de enero de 1827, salieron de Guatemala 200 hombres para Los Llanos. con orden de sacar 300 fusiles, a su paso por Chiquimula. Entretanto, Herrera había tratado de reducir a prisión al ex-Provisor Irías, y éste había excomulgado a aquél, al hacer lo cual se fugó.

El 24 de enero, los desafectos de Herrera quisieron tomar el cuartel de Tegucigalpa y fueron rechazados. El día siguiente, se libraba otra acción de armas en Erandique. En ella fueron derrotados por las fuerzas del Gobierno los partidarios de Irías, que mandaba el Presbítero José María Donayre. Irías los había armado con el producto de las alhajas que había hecho extraer de la Catedral y vender en Belice.

A principios de marzo, llegaron las tropas de Arce a Los Llanos, mandadas por el Coronel José Justo Milla, el que renunció, como se dijo antes, la Vice-Jefatura del Estado de Honduras, para seguir a Arce en su política. Milla llegó a Comayagua el 4 de abril y le puso sitio, el que terminó el 9 de mayo con la capitulación celebrada con el Comandante de la plaza, el traidor Antonio Fernández. Herrera fue conducido preso a Guatemala, en donde Arce le dio por habitación su propia casa, dejándolo después en libertad.

Milla quedó ejerciendo de hecho el poder del Estado. Cumpliendo órdenes de Arce, mandó practicar elecciones para la renovación total de los Poderes Constitucionales de Honduras: un golpe de fuerza iba a crear un estado de derecho.

La nueva Asamblea se reunió el 13 de septiembre, y en esa fecha, declaró haber procedido a la apertura de los pliegos que contenían las elecciones de Jefe y Vicejefe del Estado, y habiendo resultado 30 sufragios a favor del ciudadano Jerónimo Zelaya, lo declaró electo Jefe; y no habiendo elección popular de Vice-Jefe, eligió entre los ciudadanos Francisco Güell y Miguel Bustamante, y resultó electo éste con totalidad de votos. Pero no estando presentes los electos, eligió Jefe Provisional al ciudadano Cleto Bendaña. Este decreto fue firmado por Don Juan Lindo como Presidente de la Asamblea y los señores Ciriaco Velásquez y Teodosio Avilés como Secretarios. Lindo está triunfante. Ha contribuido, siguiendo la política de Arce, a la caída de Herrera y a la renovación de las autoridades del Estado con personas adictas al Presidente; pero tal renovación no era constitucional, pues se debía, como se ha visto, a la invasión de Honduras por Milla.

El triunfo de Lindo había de ser efímero. Contra Arce peleaba también El Salvador, que había procurado auxiliar a Herrera. Los que representaban la causa del vencido no quedaron ociosos y pronto Francisco Morazán apareció en Choluteca para demostrar lo inconsistente de la obra que, con violación de las leyes, había realizado Arce en Honduras.

Lo ocurrido en la sesión que la Asamblea celebró el 24 de octubre da a conocer las inquietudes del nuevo Gobierno. Renunció su cargo el Jefe Provisional señor Bendaña y la Asamblea autorizó al Jefe señor Zelaya para prestar el juramento ante la Municipalidad del Estado, a donde llegara.

Por otra parte, la Asamblea, en atención a que los enemigos del orden y de los derechos de los ciudadanos del Estado, como llamaban a los amigos del régimen anterior, unidos con fuerza extraña, ocupaban varios pueblos y no se hallaban muy lejos de Comayagua y según las comunicaciones del Comandante de la fuerza destinada a sostener el Estado, era indispensable asegurarle auxilios de gente y dinero que había sido imposible prestar con la brevedad que los pedía; y sabiéndose igualmente que dichos enemigos en bastante número se hallaban distantes siete leguas de Tegucigalpa no habiendo seguridad ni defensa ninguna en aquella Corté acordó suspender sus sesiones hasta el 8 de noviembre, en que las continuaría en el pueblo de Siguatepeque, Santa Bárbara u otro lugar que ofreciera seguridad y posibilidad de tomar medidas para salvar al Estado, debiendo pasar al primer lugar asignado alguna fuerza para los honores y respetabilidad de la Asamblea y Gobierno.

Esta fue la última resolución de la Asamblea que presidió Lindo, pues no pudo reunirse en la fecha señalada, porque el 8 de noviembre se habían agravado los sucesos y el 11 se libraba la batalla de La Trinidad, en la que Francisco Morazán batió a Milla, "acreditando a los hondureños que era llegada la hora de romper sus cadenas". Milla no paró hasta Guatemala y Morazán, como Presidente del Consejo, se hizo cargo del Poder Ejecutivo y reorganizó el Estado. El triunfo sobre Herrera no había durado más de seis meses y la causa que aquél representaba con su aliado El Salvador, fue consagrada con las victorias de Morazán, que a la de La Trinidad, agregó las de Gualcho, San Antonio, San Miguelito, Las Charcas y Guatemala, haciendo sucumbir la política del Presidente Arce.

La Asamblea extraordinaria de Honduras, reunida en Comayagua el 4 de julio de 1829, dictó el 10 del mismo, un decreto sobre las responsabilidades de los que habían tomado parte en el régimen de Milla. El 24 de octubre, el Ministro Don Liberato Moneada enviaba a Guatemala una lista de los que, conforme a aquel decreto y al del

Congreso Federal de 22 de agosto, habían sido expulsados y de los que debían serlo. En ella figuraban Don Juan Lindo y Don Joaquín Lindo, quienes se hallaban en Guatemala, y Don Ciriaco Velásquez, a quien no se había podido aprehender. Lindo era ahora uno de los vencidos.

Contra los vencedores se levantó la facción de Olancho, con la que fraternizaba el pueblo de Opoteca. Morazán, elegido Jefe del Estado de Honduras, lo pacificó.

Obtenida la tranquilidad de la República, se procedió a elecciones de Presidente. Elegido Morazán para este alto cargo, tomó posesión de él en Guatemala, el 16 de septiembre de 1830.

V

EN 1831 LA situación de Lindo había cambiado. Había vuelto a Honduras, y convocada el 1º de abril una Asamblea Constituyente del Estado para reformar la Constitución de 1825, Lindo fue uno de los Diputados electos a ella. La Asamblea se instaló el 10 de octubre y nombró en comisión para redactar el proyecto de Constitución a los Diputados Don Juan Lindo, Don José Trinidad Reyes, Don Joaquín Rivera y Don José Calixto de Valenzuela. Esta comisión nombró a Lindo en subcomisión y aceptado con algunas modificaciones el proyecto que presentó, después de discutido, artículo por artículo, se dio cuenta de él a la Asamblea.

Esta empezó a discutirlo y las discusiones duraron hasta el 7 de enero de 1832, en que las interrumpió la invasión de Vicente Domínguez.

En la sesión del 17 de diciembre, se había leído una proposición del Diputado Lindo, para que el Gobierno mandase proceder contra el autor de un papel intitulado El Rayo, como se hiciese contra aquel que insultase diciendo al llamado Gobierno de Honduras, por considerar dicho papel insultante a la soberanía: que se declarase sesión permanente para quedar asegurado de la disposición que tomase el Gobierno con el fin de que, si no podía por las circunstancias sostener los derechos de la Asamblea, acordara ésta suspender sus sesiones hasta recibir protección del Gobierno Federal y de El Salvador, como el más inmediato, a quienes se les reclamaría con copia de la Constitución y del papel intitulado El Rayo; y que se mandara publicar por la prensa el acuerdo de la Asamblea y la resolución del Gobierno, para que los pueblos vieran su situación y el modo cómo se comportaban sus autoridades.

Nombrados en comisión para dictaminar los Diputados Aguiluz y Rivera, expusieron que el autor de El Rayo acaloró las expresiones con que quiso usar del derecho que le daba el artículo 175 de la constitución Federal, el cual parece que exigía un reglamento que fijase los términos y límites en que los escritores deben usar de la prerrogativa que les concede la libertad de la escritura: que el párrafo primero del papel El Rayo está dirigido expresamente contra la calidad personal de varios individuos de la Asamblea, y que por lo mismo, se les dejase a éstos el derecho de exigir en los tribunales judiciales la satisfacción del agravio que creyeran haber recibido del autor del impreso y en lo que tocaba al decoro de la Asamblea, no creería la Comisión hallarse ultrajado sino cuando de los justificantes que deben esclarecer la conducta de los individuos contra quienes se dirigía el impreso, resultara la falsedad de los hechos.

Puesto a discusión el dictamen, ¡manifestó el Diputado Lindo que se hallaba ultrajada la soberanía del Estado, pues en el primer párrafo se le decía la llamada Asamblea y en el último se daba a entender que no sería recibida la Constitución y se amenazaba a sus Diputados, previniéndoles que se retirasen a sus casas. El Diputado Aguiluz sostuvo que no había ultraje a la soberanía, pues que se dirigía directamente contra ciertas personas e hizo otras observaciones para sostener el dictamen.

Después de una larga discusión, se acordó, por mayoría de votos, de conformidad con la proposición. Luego el Diputado Lindo pidió que se esclareciese que la petición de auxilio al Gobierno Federal o al de El Salvador, decía entenderse por medio del Gobierno del Estado, a quien correspondía. Puesto a discusión este punto volvió la petición de Lindo a la Comisión y ésta opinó que no debía hacerse añadidura, por estar hecho ya el acuerdo. La mayoría resolvió que se hiciera como pedía el ciudadano Lindo, contra el voto de los Diputados Ugarte, Rivera y Aguiluz.

En la sesión del 19 se leyó la nota del Ministerio, relativa al acuerdo que se le comunicó para que se mandase proceder, según la ley, contra el autor del impreso llamado El Rayo. El Gobierno se manifestaba de conformidad con el dictamen de la Comisión y al mismo tiempo interpuso sus respetos para que la Asamblea continuara sus sesiones. Se acordó de conformidad con el Gobierno en esta parte y que la impresión que se había mandado hacer de los documentos llevase por encabezamiento el papel intitulado El Rayo.

La sesión del 21 ofrece el más vivo interés porque ella presenta en relieve la audacia de los perturbadores de la paz y la actitud firme y digna de la Asamblea. En ella se dio cuenta de la nota que se atrevió a dirigir a tan respetable Cuerpo el que se llamaba Comandante de la Costa del Norte, Vicente Domínguez, fechada el 8, en el puerto de Omoa, en la que manifestaba que el vecindario y tropa de aquella plaza, al pronunciarse por el General Manuel José Arce contra el Gobierno Federal de la República, la puso bajo sus órdenes y que no deseando obrar por sí solo o discrecionalmente, esperaba órdenes de la Asamblea Constituyente, con las cuales se le autorizara para obrar militarmente en el Estado, según lo exigiera el bien público.

Acompañaba con dicha nota un manifiesto a la República, que había hecho circular a los pueblos con el objeto de hacerles ver que estaban gobernados por una facción o partido que se había apoderado del poder por medio del saqueo y violación de todas las leyes, arrebatándolo de las manos del General Arce, que por la libre y espontánea voluntad de los pueblos servía la Presidencia de la República[2]: que por medio de proscripciones, contribuciones y empréstitos repentinos aseguraba el actual Gobierno su permanencia; y finalmente que su pronunciamiento para reponer en el mando al General Arce, lo había realizado de acuerdo con el Gobierno del Estado de El Salvador y algunos departamentos y pueblos de Honduras, que estaba en anarquía.

La Asamblea Constituyente, al tomar conocimiento de la expresada Nota y del Manifiesto, contestó sus conceptos en un acuerdo, en cuyo preámbulo recordó los esfuerzos que hicieron todos los Estados para despojar del poder que se le había confiado al ex-Presidente Manuel José Arce, por los repetidos abusos que había hecho de las facultades que los mismos Estados le habían encargado: que éstos procedieron a elegir nuevamente sus autoridades federales, y libre y espontáneamente emitieron sus votos, habiendo resultado popularmente electo para Presidente el General Ciudadano Francisco Morazán, que reúne las virtudes que no podrán negar sus propios enemigos y que ha prestado servicios a la patria, no inferiores a los que se indica prestó el General Arce al pronunciamiento por la

---

[2] Domínguez creía que se babia olvidado que un fraude escandaloso del Congreso Federal quitó a Valle la Presidencia para dársela a Arce.

Independencia. Se hizo mérito del proceder del recto Gobierno del Estado de El Salvador que, despreciando los ofrecimientos de Domínguez, había estrechado sus medidas, habla llamado el patriotismo de su Estado y reuniendo a los valientes salvadoreños, se ofrecía a auxiliar a Honduras si fuera invadido y a cualquier otro de la República a quien la facción de Omoa quisiera sojuzgar: de la conformidad y entusiasmo con que todos los pueblos de los demás Estados aprontaban socorros, empuñaban el arma y se ponían en camino al lugar donde se hallara el enemigo para hacerle escarmentar en el mismo desgraciado suelo que lo había producido: de la tranquilidad de todos los pueblos de Honduras, de la actitud de defensa en que se había puesto el puerto de Trujillo y de cuanto anteriormente se llevaba dicho se demostraba que la causa que tomaba Domínguez para justificar su crimen era una impostura, era una falsedad, era un nuevo delito, y era un doble engaño querer persuadir que contaba en su auxilio con los mismos que se veían tomar las armas para destruirlo; finalmente se habían fijado los ojos en la actual situación del Estado de Honduras que, reunida su soberanía y representado por la Asamblea Constituyente, estaba celebrando el pacto con que quería ser gobernado de conformidad con la Constitución Federal estaba dictando las leyes a que debían arreglarse sus habitantes: estaba señalando a cada uno de los Supremos Poderes sus atribuciones y estableciendo precauciones para que estas mismas leyes fueran fielmente ejecutadas y aplicadas con imparcialidad y conocimiento, y por, tanto impedir al Estado de Honduras su Constitución era el mayor mal, y no debía esperar el más pequeño bien del ofrecimiento que se le hacía por Domínguez y mucho menos debiera esperarlo de sus operaciones militares en el Estado, que siempre serían funestas y perjudiciales a los pueblos.

Por tanto, la Asamblea acordó que se remitieran al Ejecutivo la citada nota del llamado Comandante Vicente Domínguez y manifiesto que acompañó, y que el Gobierno llevara adelante las medidas que había acordado hasta poner en perfecta seguridad al Estado, y que se mandara imprimir este acuerdo para que los pueblos del Estado se persuadieran de que debían esperar tranquilos la nueva Constitución, en la que iban a verse asegurados sus derechos equilibrados los Poderes supremos, asegurados los caudales públicos y puestas barreras inaccesibles para que no fuera violada la Constitución.

Este acuerdo fue tomado por unanimidad y firmado por Aguiluz como Presidente, por Lindo como primer Secretario y por Ugarte como segundo Secretario. Sin embargo, Lindo, que lo había redactado, había observado una conducta doble: por una parte, al ejercer su cargo de Diputado a la Asamblea Constituyente, parecía defender el orden legal, y por otra estaba conspirando contra éste, de acuerdo con El Salvador, cuya actitud no era la que se exponía en el acuerdo. Acredita esto la siguiente carta, digna de conservarse íntegra;

"Comayagua, noviembre 7 de 1831.
Ciudadano Antonio José Cañas.

Mi apreciable amigo y contemporáneo:

Tengo en mis manos la que me escribiste en 18 de septiembre del presente año; pude haberla contestado desde el 21 de octubre; pero he tenido ahí poca confianza en la estafeta, y no sin motivo, porque el correo anterior a este se asegura que ni salió de la ciudad con correspondencia, y nunca ha vuelto con la que debía traer de San Miguel. Esta la hago resuelto a que sea registrado su contenido.

No tienes razón para censurar el tratamiento que te doy en mi anterior: es consecuente a que comprendí habías recibido vemos gusto en verme en Guatemala que el que yo tuve en verte a ti; pero dejemos esto supuesto que sos siempre mío.

¡Qué empresa tan grande la que tienes en tus manos! las pasiones más bajas quieren enfrenar y hacer volver al orden en Gobierno que ha perdido su moralidad y su rectitud; todos juzgan a San Salvador y tú su cabeza capaz de la empresa, aunque difícil; todos desean su victoria y ha de lograrse.

Ciertamente el partido liberal y el servil a su vez obran de un mismo modo cuando llegan a triunfar: esto prueba que el mal no está en los partidos y es necesario buscarlo en otro lugar. San Salvador lo ha encontrado en su asiento natal.

La alocución de la Asamblea está muy buena: señala los males en su origen e indica las consecuencias que pueden ir produciendo: también lo está el dictamen de la comisión sobre patronato y demás documentos, que me acompañas, y que he hecho correr por todas las manos que saben leerlos.

El Consejero Dr. Matías Quiñones me escribe con fecha 30 del pasado: opina como la comisión apoyándose en el mismo artículo de Constitución y ha escrito sobre jurisdicción eclesiástica con extensión, cuyo papel ha mandado a esa prensa, y tú podrás haberlo visto ya. Te remitiera su carta, pero temo exponerla, y no entra a esa ciudad en su tránsito para Guatemala (que lo hará a fines del mes) porque no se le crea parcialidad. El Gobierno Federal le ha mandado dar de viático 500 pesos en las cajas de León.

Opinaba yo por que se dicte una ley orgánica mientras se resolvía la reforma de la Constitución Federal, pero creí que quedaba el Estado expuesto entretanto y han insistido en tener su Constitución reformada. Se me nombró individuo de la comisión, y ella me confió el proyecto: le he presentado y no te mando copia porque se haría reparable en la estafeta por su bulto. En justicia tiene las variaciones siguientes: se establecen las elecciones directas: no se han desconocido los males e inconvenientes que ello puede producir; pero en nuestras circunstancias deberán ser las mejores, y del modo que se han practicado, también tienen sus grandes defectos. Se declara responsabilidad a los Diputados que por ley o decreto atenten directamente contra algún artículo expreso de la Constitución, y se establece el modo con que ha de declárseles la responsabilidad.

El Consejo y la Corte de Justicia sale elegido cada uno de sus individuos directamente por cada departamento. Se establece una hacienda o fondo en cada departamento independiente del Gobierno e Intendencia general, y en el cual jamás podrá tener intervención, dedicado sólo para el pago de los sueldos de empleados que elija cada uno de los departamentos. Estas son las alteraciones principales que se hacen; las hay también particulares con respecto a las cualidades de las personas que deben ser nombradas en los empleos: tal como el que los Ministros de Justicia no teniendo comprobada instrucción, deben ser propietarios de cierta cantidad libre: que los empleados por el Gobierno Federal y del Estado no puedan ser Diputados, y por este orden son las demás.

Me persuado que este trabajo debe serlo poco tiempo, pues la Federal se reformará porque es la opinión de los más.

El ciudadano Valle ofreció a un Diputado mandar una Constitución para este Estado: ha venido por este correo y se reduce a unos apuntamientos de defectos de la Constitución Federal. En la mayor parte está de conformidad con las reformas que solicita este

Estado: quiere que el Presidente de la República sancione la ley: que se divida el Legislativo en dos cámaras: que los electores y elegidos tengan cierta propiedad y que los empleados de elección popular sirvan de balde o por un sueldo muy pequeño. Hace algunas observaciones juiciosas al paso que otras tienen réplica. Si no han llegado estos apuntamientos a esa me avisas para sacar copia de ellos y remitírtela en caso de que los creas útiles.

Escríbeme a Gracias bajo cubierta del ciudadano Rosa Izaguirre con quien en caso necesario puedes entrar en relaciones, pues es de confianza y apasionado a las máximas que tiene ahora ese Estado. La opinión en lo general de éste lo es también de conformidad y lo será la de todo lugar en que se encuentren los hombres de bien o que tengan algo que perder. Bien creo el interés que se tomará en acertar las elecciones de Diputados federales, pues también por otra parte no dejarán de trabajar para sacarlos amoldados a su cuño.

A la Municipalidad de esta ciudad no le vino impreso de la alocución: remitan algunos porque podrán ponerse en relaciones ... Mira en qué puedo ser útil: comunícame con extensión tus ideas, etc. Podría ser muy útil que también los Eclesiásticos de mérito de ese se pusiesen en relación con algunos de por acá. Tales como los Presbíteros Mariano Castejón, vecino de éstas, Trinidad Reyes de Tegucigalpa, actual Diputado, Hipólito Flores de Nacaome, Miguel Pineda de Gracias, Luis Carranza de Ocotepeque, Trinidad Estrada de Tegucigalpa, José María Durón de Sulaco, Ana José Aguilar de Juticalpa, departamento de Olancho, Francisco Rivadulla, de Catacamas.

Soy tu afectísimo contemporáneo y amigo q. b. t. m.

JUAN LINDO.

Muy bueno está el impreso titulado aviso a los afectos al juego de gallos; resta ver el modo de cogerlos y quién le arranca la cabeza. Yo creo que ustedes me dicen que a Guatemala le han quitado hasta los espolones".

La gran empresa que Don Antonio José Cañas tenía en sus manos, en cuya victoria confiaba Lindo y a la que éste que ría asociar a Don Rosa Izaguirre y a los eclesiásticos de Honduras no era otra que la de la cooperación al movimiento revolucionario acaudillado por Arce, que estaba preparando al lado del Jefe del Estado de El Salvador Don José María Cornejo.

Pero la empresa había de fracasar. Morazán dominó la revolución. Arce, Cornejo y Domínguez fueron vencidos; y el último, capturado, y fusilado en Comayagua.

A causa de esta revolución, la Asamblea Constituyente de Honduras no había podido volver a reunirse después del 7 de enero de 1832, y su obra quedó inconclusa.

Fue a la caída de Cornejo, quien fue reducido a prisión lo mismo que Cañas y otros de sus compañeros, cuando se conoció del todo la conducta de Lindo y se encontró la carta que se ha visto. El Gobierno Federal pasó ésta al Escribano Don Manuel Castillo para que la certificara, lo que hizo en San Salvador a 24 de abril de 1832. La certificación fue publicada en el Boletín Oficial del Gobierno Supremo del Estado de Honduras.

Tal descubrimiento fue causa de que el Gobierno del Estado confiscase a Lindo sus bienes, como lo hizo con otros, que estaban en iguales condiciones.

VI

EL 7 DE DICIEMBRE del año citado se instaló la Asamblea ordinaria en Honduras.

En vista de lo informado por el Gobierno y Comandancia General sobre el estado en que se hallaban las causas de los reos acusados de infidencia, y considerando que los principales autores de la revolución habían expiado sus crímenes en un patíbulo como debieron según la ley, la Asamblea concedió indulto general a todos los habitantes del Estado que directa o indirectamente se hubieran mezclado en dicha revolución; pero el indulto no comprendería a los que, a juicio del Gobierno, fueran peligrosos a la tranquilidad pública, quienes serían juzgados con arreglo a la ley.

A favor de este indulto, Lindo solicitó y obtuvo del Jefe del Estado, Don Joaquín Rivera, que se le devolvieran las propiedades que se le habían confiscado, como también les fueron devueltas las de Don Ciriaco Velásquez y a sus hijos.

Residiendo accidentalmente Lindo en Coloal, en el antiguo departamento de Gracias, en 1834, se descubrió, a inmediaciones del pueblo de Chucuyuco, una mina que producía en abundancia alumbre casi purificado; como a tres cuartos de legua de este punto descubrió Lindo una copiosa veta de carbón de piedra. Otro importante descubrimiento se hizo por entonces, según refiere el distinguido escritor Don Jeremías Cisneros, de grata memoria para Honduras. Dice que Lindo no poseía grandes bienes de fortuna, pero que sostuvo, en el último tercio de su vida, el boato de su posición mediante el hallazgo de una riquísima mina de plata que producía cerca de nueve mil onzas por tonelada: que el hallazgo no lo hizo él sino un tal Monterola, güiriz, el cual salió una tardé, en el sitio de Coloal, a buscar colmenas y derribó con su hacha un árbol en que se hallaba una: este árbol cayó sobre otro y lo derribó a su vez: este último dejó ver, entre sus raíces, la sustancia mineralizada y entonces el colmenero no pensó más en la colmena, tomó una porción de la sustancia mineral, y se la mostró a Lindo y a Don Miguel Midence, que se hallaba con él. Lindo, cerciorado del hallazgo, compró a Monterola por seis mil pesos sus derechos en la mina, a la cual denominó El Sacramento.

Mientras Lindo se dedicaba a la explotación de esta mina, progresaban las agitaciones de la opinión que habían empezado desde 1833 sobre la necesidad de la reforma de la Constitución Federal. Contra ésta había publicado virulentos folletos el llamado Marqués de Aycinena. El Congreso Federal, reunido en San Salvador, declaró el 7 de febrero de 1835, Distrito Federal, a aquella ciudad y el 13 del mismo, decretó una nueva Constitución Política, reformando la de 22 de noviembre de 1824; y mandó que, aceptada la reforma por la mayoría de los Estados, se tuviera como ley constitutiva de la República.

El 19 de marzo de 1835 se instaló la Asamblea ordinaria de Honduras. El Jefe del Estado Don Joaquín Rivera dijo a la Asamblea que la reforma exigía toda su prudente meditación, pues en materia tan delicada iba a cooperar en la felicidad o desgracia de la República. La reforma fue aceptada por Costa Rica y Nicaragua: no lo fue por Guatemala, El Salvador y Honduras: el decreto de la Asamblea de este último Estado es de 8 de junio de 1836.

El 1º de febrero de 1837 volvió a instalarse la Asamblea ordinaria de Honduras. El 11 declaró electos Jefe y Vicejefe del Estado a Don Justo J. Herrera y al Coronel Don J. Trinidad Cabañas, respectivamente. Herrera tomó posesión el 28 de mayo.

El 9 de junio ocurre en Guatemala un hecho que tuvo gran trascendencia: los vecinos de Santa Rosa, distrito de Mita, derrotan en los llanos de Ambelis una fuerza del Gobierno, dando gritos contra el Jurado y los envenenadores. Había invadido el Cólera morbus, y se quería hacer creer que sus estragos provenían del envenenamiento de las aguas, del cual acusaban al Gobierno. Así empezó el levantamiento que puso en escena a Rafael Carrera.

En Mensaje de 30 de abril de 1838, Don Justo J. Herrera decía a la Asamblea instalada en aquella fecha, que en 1833 mereció la atención la voz que pedía la reforma de la Constitución Federal: que ahora en 1838, en que se repetía el mismo acento, debía también merecerla y sería una verdadera calamidad no atender a una demanda decisiva y general.

El 30 de mayo el Congreso Federal declaró en San Salvador que los Estados eran libres para constituirse del modo que tuvieran por conveniente, conservando la forma republicana, popular, representativa y la división de poderes, contra lo dispuesto en el título 12 de la Constitución Federal en que está establecida la manera de organizar el Poder Legislativo, Ejecutivo y Judicial de cada Estado.

En 9 de junio aquel Congreso dictó un decreto modificando el de 30 de mayo: en él disponía provisionalmente la permanencia del Gobierno Nacional existente mientras se afianzaba de nuevo, por medio de la reforma de la Constitución Federal de 1824. Con las restricciones de este Decreto, se ve que el Congreso no quería "destruir aquel Gobierno sino mantenerlo sin relajar el vínculo que daba existencia a la nacionalidad centroamericana". [3]

Contra el decreto de 9 de junio, presentaron una iniciativa va el 29 los señores Aycinena, Escalan te, Zeledón, Osejo y Lindo, quién figuraba en este Congreso como Representante por Honduras. En ella proponían que se declarara que los Estados debían reasumir completa e inmediatamente la plenitud de su soberanía e independencia. Votaron por la iniciativa Don Juan José Aycinena, Don Pedro Zeledón, Don Sebastián Espinosa, Don J. Vicente Escalante, Don José Antonio Aguilar, Don Rafael Cañas, Don José Miguel Montoya, Don Juan Lindo, Don Rafael Osejo, Don Francisco Camposeco, Don Cruz Peralta, Don Rafael Campo Pomar, Don Manuel José Arango y Don Florentín Rosal; es decir 14. Votaron en contra: Don Juan Barrundia,

---

[3] José Antonio Cevallos: Recuerdos Salvadoreños: Tomo 1º, Pág. 94.

Don Manuel Yrungaray, Don Luis Leiva, Don Félix Godoy, Don Francisco Dueñas, Don Gerardo Barrios, Don Lucas Resuleu, Don José Osejo, Don Manuel María Pagoaga, Don Mariano Gálvez Yrungaray, Don Pedro Escalón, Don Buenaventura Mejía, Presbítero Don Calixto Arévalo, Don Juan Hernández y Don Basilio Porras, es decir, 15. Por un voto quedó desechada la iniciativa.

En 18 de julio el mismo Congreso expidió otro Decreto en que convocaba una Convención de los Estados para que reviese y reformase la Constitución Federal; y el 20 cerró sus sesiones. Había de ser el último Congreso Federal.

La Asamblea del Estado de Honduras, por decreto de 16 de junio, había convocado una Constituyente para reformar la Constitución de 11 de diciembre de 1825. Don Justo José Herrera sancionó el Decreto, pero se asustó y el 3 de septiembre depositó el poder, por enfermedad, en el Consejero Martínez.

Lindo, que había observado la conducta que se ha visto, en el Congreso Federal, fue elegido Diputado a la Asamblea Constituyente del Estado. Lindo, que había observado la conducta que se ha visto, en el Congreso Federal, fue elegido Diputado a la Asamblea Constituyente del Estado.

Esta se reunió el 7 de octubre, y el 22 admitió con modificaciones el decreto del Congreso Federal de 18 de julio, que convocaba a los Estados a una Convención Nacional para dar la mejor forma al pacto federativo. Y nombró representantes propietarios a los señores Francisco Ferrera, Doctor Mariano Gálvez, Licenciado Juan Lindo, Presbítero José Trinidad Reyes y Don José Santiago Bueso; y a Don José Santiago Milla, Presbítero Francisco Márquez y Licenciado Francisco Güell, suplentes.

El 26 declaró que el Estado de Honduras es libre, soberano e independiente; pero no conforme con esta declaración, dictó el 5 de noviembre un decreto en que declaró a Honduras desligado del Gobierno Federal. Comunicado su nombramiento al Doctor Don Mariano Gálvez, contestó en los términos siguientes:

"Al Ciudadano Secretario General del Gobierno del Estado de Honduras.

Guatemala, enero 4 de 1839.

Con la estimable comunicación de Ud. de 16 de noviembre, he recibido el día ayer el Decreto de 5 del mismo mes que contiene mi nombramiento para Representante por el Estado de Honduras en la Convención Nacional que debe reunirse para renovar el pacto de la unión centroamericana.

Debo a la Asamblea Constituyente de ese Estado grande reconocimiento por esta muestra de singular confianza que me ha dispensado y por ella tributo a sus dignos individuos las más sinceras gracias.

Por lo demás, Ciudadano Secretario, desearía que su Gobierno tuviese la dignación de transmitir a la Representación Constitucional del Estado la profesión de los sentimientos pocos del Ciudadano a quien ha honrado con aquel nombramiento.

Conozco que todos los males que han sufrido los Estados en particular y la Unión en general nacen de que la Constitución es inadecuada: que las reformas parciales son insuficientes y no pueden satisfacer la expectación de los Estados: que la variación del pacto no será legítima ni estable si éstos, en la capacidad de tales, no lo acuerdan.

La Constituyente federativa, cuando los Estados no estaban formados, pudo ser una forma de Gobierno decretada por una Asamblea Nacional; pero hoy que aquellos existen y que tienen un ser soberano, su Unión, su nuevo modo de ser no puede tener otro origen que sus convenciones; y pienso que éstas son imposibles si no se reúnen sus delegados, y que no pueden ni deben renunciar la existencia libre de los Estados, sus poderdantes.

Pienso también que la República corre grandes peligros si no se verifica cuanto antes la reunión de los convencionales, pero que al mismo tiempo es legal, es prudente y necesario para la estabilidad de lo que decrete la Convención, que ésta se verifique en conformidad con la reforma decretada por el Congreso y aceptada por los Estados.

Las agitaciones de la ansiedad prueban los sufrimientos y el deseo de los pueblos para ponerles término. Servirán para apresurar el día del remedio, para convencer más su urgencia; pero la convocatoria, que no dudo habrá de dar luego el Gobierno Nacional, debe tranquilizar todos los ánimos y mantener las cosas en el estado de la ley y el orden sin el cual sería difícil no empeorar la situación de la República por los mismos movimientos con que el patriotismo intentara su salvación.

Estas indicaciones patentizan mis principios y opiniones. Si fueren las mismas las que tienen los dignos constituyentes del Estado de Honduras tendré por un deber el corresponder a su confianza aceptando el nombramiento que se han dignado hacerme. Si no fueren, para no traicionarla, siempre lleno de reconocimiento, les suplico que se sirvan exonerarme de aquel honroso cargo.

Sírvase Ud., Ciudadano Secretario, transmitir esta respuesta a su Gobierno para que pueda llegar al alto conocimiento de la Asamblea Constituyente de ese Estado, recibiendo con ella las protestas de la consideración con que soy de Usted atento y obediente servidor.

M. GÁLVEZ". [4]

Esta comunicación del Doctor Gálvez equivale a la no aceptación de su nombramiento, pues la Constituyente del Estado de Honduras había admitido el Decreto del 18 de julio sobre la Convención de Estados, modificándolo y para el Doctor Gálvez era preciso atenerse a lo dispuesto por el Congreso Federal.

No se conocen las respuestas de los demás nombrados; pero en cuanto a Lindo, no es de dudar que él aceptaría la designación, ateniéndose a los Decretos del 22 y 26 de octubre y del 5 de noviembre, dictados por la Asamblea de que formaba parte y llevando adelante las ideas que había defendido en el Congreso Federal.

En medio de las labores de la Asamblea Constituyente se recibió la noticia de que había peligro de que las fuerzas de Carrera invadieran el departamento de Gracias. El Diputado Lindo fue comisionado con dos de sus colegas para dar dictamen sobre aquel punto y dijo que se ignoraba cuáles eran las miras de Carrera en la guerra que le hacía al Gobierno de Guatemala ni se conocían sus motivos o pretextos; por lo que la Comisión no podía proponer que se tomaran medidas fuertes y tan enérgicas como lo debería hacer si estuviese convencida de los perversos fines que se le suponían.

Por ello se limitaba a proponer que se situara en Los Llanos una fuerza de cien hombres y que el Jefe de ella oficiara al Comandante de la partida de Carrera que siempre que intentara invadir el territorio del Estado, si lo verificaba, le haría la guerra como a tropas enemigas, dando cuenta al Gobierno.

Contra los Decretos de 26 de octubre y 5 de noviembre, se habían pronunciado Choluteca, Curarén, Langue, Guascorán, Texiguat y Los

---

[4] ARCHIVO NACIONAL; tomo sin número del año 1839.

Llanos de Santa Rasa. La Municipalidad de esta última Villa, en su acta de 27 de noviembre, al declarar que se conservaba fiel al Pacto Federativo, acordó que, no teniendo libertad los Diputados Juan Lindo y Encarnación Nieto para emitir sus opiniones y votos en la Asamblea, y, por otra parte, habiéndose extraviado del objeto de su reunión, les retiraba sus poderes y mandó se les tuviera sin misión legal en aquel cuerpo. La Municipalidad. de Los Llanos ignoraba que Lindo gozaba de amplia libertad como Diputado y era factor principal en la obra separatista. A pesar del retiro de sus poderes, Lindo no se separó de sus funciones.

La Asamblea Constituyente cerró sus sesiones el 10 de diciembre y volvió a abrirlas el 4 de enero de 1839. El día siguiente, concluidas las reformas a la Constitución de 1825, decretó las formalidades para el juramento de la nueva. Esta se firmó el 11, siendo la primera firma la de Lindo como Presidente de la Asamblea, y la segunda, la de Don Dionisia de Herrera, como Vicepresidente.

El artículo 2° de esa Constitución decía: "El Estado de Honduras será uno de los federados de Centro América cuando acuerde con los otros Estados el Pacto que los deba unir". Esta declaración confirmaba las de los decretos antes citados. El Estado de El Salvador reclamó contra el pronunciamiento del 5 de noviembre. Honduras contestó que sostendría las reformas y nombró a Lindo su representante para tratar con Nicaragua.

Lindo celebró, en Comayagua, el 18 de enero, con Don Sebastián Salinas, representante de Nicaragua, un tratado de amistad y alianza. Los dos Estados se reconocen recíprocamente su soberanía, independencia y libertad: se comprometen, para defender éstas, a unir sus fuerzas: convienen en formar un ejército defensor de la soberanía e independencia de los Estados, que protegiera la libertad de las Asambleas de El Salvador, Guatemala y Los Altos, para que se pronunciaran como les conviniera: designan la ciudad de Chinandega o la de San Vicente para la reunión de la Convención de Estados que acordaría la medida que hubiera de adoptarse para reformar el Pacto Federal: declaran que sería jefe de las fuerzas aliadas de Costa Rica y Nicaragua el General Don Francisco Ferrera, y en su lugar el Teniente Coronel Bernardo Méndez: autorizan a Ferrera para nombrar una comisión que representara al Gobierno Federal los males que sufrían los pueblos con la guerra a que comprometía su resistencia en escuchar el clamor público por las reformas; advirtiéndole que el ejército aliado lo respetaría, siempre que reuniera sus tropas dentro del Distrito Federal hasta que los Estados de El Salvador, Guatemala y Los Altos hubieran hecho sus pronunciamientos, y reunida la Convención hubiera acordado lo conveniente; pero que, de otra manera, sería tratado como opresor de la República; y finalmente, se estipulaba que se exigiría al General Morazán separarse de las tropas eligiendo para su residencia otro punto, donde su persona seria garantizada con arreglo a las leyes. En virtud de este tratado, pronto fue invadido El Salvador por fuerzas hondureñas y nicaragüenses, de las que era General en Jefe, según 10 convenido, Don Francisco Ferrera. Estas fuerzas sufrieron un terrible fracaso en la batalla del Espíritu Santo.

En Guatemala, el 24 de marzo se había levantado contra el Gobierno Rafael Carrera, quien, por los tratados del Rinconcito, había quedado de Comandante de Mita. Llamado por el partido aristocrático, que estaba temeroso de los resultados de la batalla del Espíritu Santo, ocupó el 13 de abril la capital de aquel Estado y puso de Jefe de él a Don Mariano Rivera Paz.

Ferrera invadió de nuevo El Salvador. Fuerzas federales, al mando del General Trinidad Cabañas, invadieron Honduras. La Cámara de Representantes, conforme a la nueva Constitución, se había reunido en Comayagua, y Don Juan Lindo era Secretario de ella. El 24 de Agosto autorizó al Gobierno para ajustar la paz sin comprometer la soberanía e independencia del Estado; declaró encargado de la Presidencia, como suplente, a Don Francisco Zelaya y Ayes, y suspendió sus sesiones.

Lindo fue nombrado Jefe Político. y Militar del departamento de Gracias, que luego fue ocupado por fuerzas federales. Cabañas ocupó Comayagua y Tegucigalpa. Don Francisco Zelaya y Ayes se posesionó de la Presidencia del Estado en Juticalpa el 21 de septiembre y el 25 de este mes, Ferrera era vencido por Morazán en la batalla de San Pedro Perulapán. Con este nuevo fracaso, ¿qué hará Lindo? ¿Seguirá sosteniendo la causa que hasta allí ha defendido, en apoyo de la Constitución de 1839? ¡Oh! ¡La conducta de Lindo en esta vez, a pesar de ser tan voltario, es más sorprendente que nunca! Lindo trata, colocándose en el campo contrario, de una manera resuelta.

El 8 de noviembre celebran el famoso convenio de Olosingo él y los Alcaldes de doce Municipalidades del departamento de Gracias con el Lic. Don José Miguel Saravia, Representante del Gobierno de El Salvador.

Tomando en consideración que el Gobierno de Honduras no podía atender con prontitud a los pueblos por hallarse en un punto tan distante como lo es el departamento de Olancho: deseando la paz los habitantes de Gracias y usando del derecho indisputable que la naturaleza ha dado a todos los hombres y sociedades para proveer a la conservación y bienestar; y queriendo también la paz el Gobierno de El Salvador, estipularon, entre otras cosas, lo siguiente: El Gobierno de El Salvador y el departamento de Gracias restablecían sus relaciones de buena armonía; éste continuaría regido por sus propias autoridades mientras el Gobierno de Honduras se adhería al convenio: reconocía dicho departamento el derecho de El Salvador a reclamar de Honduras, como una satisfacción de la invasión hecha a su territorio por el ejército hondureño, que el General en Jefe de éste, Don Francisco Ferrera, fuera juzgado conforme a las leyes del Estado, por haber invadido el territorio contra las órdenes del Gobierno de Honduras: Gracias y El Salvador se auxiliarían mutuamente: El Salvador aceptaría que la Convención se reuniera en la villa de Santa Rosa el 15 de diciembre próximo si el Gobierno de los Altos se adhería a este artículo y ofrecía gestionar para que se prescindiera de reunir aquel Cuerpo en Santa Ana, como estaba convenido con Los Altos, Guatemala y Honduras: El Salvador y Honduras pondrían doscientos hombres cada uno en Santa Rosa a la orden de la Convención, y mientras ésta se reunía, la fuerza existente de El Salvador y la de Gracias estarían a las órdenes del Jefe que nombrara el Gobierno de El Salvador, y en su defecto, a las del Teniente Coronel Ignacio María Malina. El convenio sería comunicado por el Jefe del departamento de Gracias a su Gobierno y a los Jefes de los demás departamentos. sin perjuicio de cumplirlo en Gracias desde luego; Este convenio fue firmado también por el Presbítero Don Pedro J. Aguilar, Cura de Olosingo.

El 20 de noviembre firmó un nuevo Convenio en Olosingo el Jefe Político y Comandante General de Gracias Don Juan Lindo con el Coronel Don José Miguel Saravia. En éste se declaraba neutral aquel departamento hasta la terminación de la guerra: se mantendría lo pactado en el convenio del 8: se mandaban almacenar los 180 fusiles del departamento, debiéndose depositar las llaves de ellos en el Gobierno del Estado de Los Altos, para que la Convención no se reuniera bajo la influencia de la fuerza militar: y se estipulaba que, durante la neutralidad del departamento, lo gobernaría Don José María Cebos. A este convenio se llamó capitulación.

El Gobierno de Honduras, en acuerdo dictado en Juticalpa el 17 de diciembre, lo declaró nulo; nombró Jefe Intendente y Comandante de Gracias a Don Ignacio María Malina y facultó a todos los ciudadanos, pueblos y demás autoridades del departamento para resistir al enemigo, mientras enviaba fuerzas en su auxilio. Duras fueron las consideraciones en que el Gobierno fundó este acuerdo.

Lindo escribió dando explicaciones. Dijo que lo habían desengañado de que el Gobierno de Nicaragua no daba auxilios al de Honduras. Al mismo tiempo escribía a El Salvador, dando cuenta del mal éxito de la capitulación, y le contestó el Gobierno salvadoreño que, a pesar de no haber sido ratificada por el Gobierno de Honduras, se la tendría por vigente en tanto que no se le dieran motivos de obrar con las armas.

En estos momentos el General Cabañas ocupaba Tegucigalpa, y casi todo el Estado de Honduras estaba sometido por fuerzas federales. Morazán contaba con esto y con la adhesión de Los Altos en favor de la República.

El Presidente Zelaya y Ayes solicitó auxilio de Nicaragua para combatir a Cabañas, y el auxilio vino al mando del Coronel Manuel Quijano, pues no se quiso fiar al jefe derrotado en el Espíritu Santo y San Pedro Perulapán. Cabañas fue derrotado por Quijano el 30 de enero de 1840 en la acción del Potrero y se replegó a El Salvador. Por otra parte, en este mismo mes el Estado de los Altos fue incorporado a Guatemala por Carrera, quien hostilizaba a El Salvador por la frontera.

Morazán entonces marchó sobre Guatemala, tomó la plaza el 18 de marzo y al día siguiente, contrasitiado por fuerzas de Carrera, tuvo que evacuarla, rompiendo el cerco. Volvió a El Salvador, de donde salió para Nueva Granada, expatriándose en beneficio de la paz.

Lindo a este tiempo se hallaba en El Salvador, huyendo de la persecución del Gobierno de Honduras por su conducta en Olosingo.

Guatemala, por medio de Carrera, hizo que el Gobierno de El Salvador, presidido por Don Antonio José Cañas, aceptara como Comandante de las Armas a Francisco Malespín. enemigo implacable de Morazán y de los morazanistas. En septiembre hubo una insurrección que derrocó a Cañas, y elevó al poder a Don Norberto

Ramírez. Lindo subió al Ministerio en el nuevo Gobierno. Pronto entró Ramírez en choque con Malespín, y tuvo que separarse del mando. La Asamblea Constituyente, que había de declarar República al Estado de El Salvador, llamó al ejercicio del Poder Ejecutivo a Lindo, quien tomó posesión de su cargo el 7 de enero de 1841.

La designación de Lindo para gobernante, por ser hondureño, fue objeto de censura posteriormente por un apreciable historiador, Don José Antonio Cevallos, en su obra Recuerdos salvadoreños. Esto da tristeza y revela cuánto camino habían avanzado las ideas separatistas, cuando escribió el señor Cevallos. Lindo, hijo de Honduras, era ciudadano de Centro América y en ésta podía, en cualquiera de sus secciones o Estados, ser llamado al ejercicio de los más altos cargos públicos. Por eso pudo ser Jefe del Estado de Nicaragua el hondureño Don Dionisio de Herrera, elegido más tarde Jefe del Estado de El Salvador. Por eso pudo ser elegido Jefe del mismo Estado el General Morazán, hondureño, a quien más tarde se te eligió Jefe del de Costa Rica. Por eso pudo ser elegido Diputado al Poder Legislativo de El Salvador, años después, el hondureño, General Don Trinidad Cabañas.

Si se hubiera tenido entonces de la nacionalidad de éstos el mezquino concepto que la censura del señor Cevallos revela, que corresponde a la mezquindad de las Republiquitas en que se convirtió la Patria Centro americana, no habrían llegado a las alturas que alcanzaron, ni aun como conquistadores.

Pero bien: Lindo fue llamado a gobernar El Salvador, y esto significa que era ya amigo del partido que dominaba en Guatemala, como lo fue luego del partido que dominaba en Hondura, que elevó a la Presidencia a Francisco Ferrera, el mismo que, conforme al tratado de Olosingo, debía ser juzgado por haber invadido El Salvador contra las órdenes del Gobierno. ¿Cómo se explica esto? Sólo puede explicarse admitiendo que la sagacidad de Lindo hizo del tratado de Olosingo un arma de doble acción.

Si Morazán triunfaba, quedaba bien con él; si perdía, quedaba bien con sus contrarios, quienes debían persuadirse, por el resultado, de que el tratado no era un acto de traición sino un medio de ganar tiempo mientras el Gobierno de Honduras podía prepararse a atacar o a defenderse con ventaja, o a esperar otros acontecimientos favorables.

Morazán fracasó en su excursión a Guatemala. Lindo pudo entonces asegurar que el tratado de Olosingo salvó al Departamento de Gracias de estar bajo el régimen del ejército federal, dejándolo libre de toda clase de hostilidades y sufrimientos. Por otra parte, en su amistad con el partido que había hecho de Carrera su instrumento, debe de haber influido el dictamen que dio en la Asamblea Constituyente de Honduras en 1838.

VII

LINDO, AL entrar al ejercicio del Gobierno de El Salvador, se encontraba en los momentos de transición de un régimen a otro. La Asamblea el 2 de febrero de 1841 declaró al Estado República independiente en Centro América, pero en disposición de concurrir al pacto de unión, y el 18 del mismo, emitió la Constitución que derogó la del 12 de junio de 1824.

El 16 de febrero citado dictó la Asamblea un decreto en que manda establecer en San Salvador una Universidad y un Colegio de Educación. Lindo le puso el "Ejecútese" inmediatamente y lo mandó pasar al Ministro de Relaciones y Gobernación, Don Tomás Muñoz. Lindo, como Jefe del Poder Ejecutivo, dictó las medidas necesarias para que el decreto fuera puesto en ejecución, y la Universidad y el Colegio se abrieron y dieron los brillantes frutos que había derecho a esperar de aquellos establecimientos. En 1859, el Doctor Don Manuel Gallardo, Rector de la Universidad, hizo escribir en el escudo de ella estas palabras: Johannes de Lindo Erexit MDCCCXLI.

El historiador Cevallos se subleva contra este acto laudatorio y dice que la "Institución fue solamente la obra inmortal del Congreso Constituyente, quien desde el año cuarenta había venido trabajando porque existiese en el Estado un plantel de enseñanza pública de que se había carecido durante largos años". El General Don Juan J. Cañas en su interesante biografía de Malespín, dice que fue este Jefe el iniciador de la fundación de un Colegio y la consiguiente Universidad". El del Erario, se dirigió, recién inaugurada la Administración de Lindo, al Despacho del Ejecutivo, diciendo al presentarse: "De aquí no saldré sin el decreto tantas veces prometido para fundación de un Colegio y la consiguiente Universidad". El 16 del mismo mes y año (febrero de 1841) la Constituyente expidió el decreto mencionado".

Conforme a estas relaciones, quien manifestó mayor interés por la fundación fue el General Malespín. Pero ¿indica esto que él fue el fundador? ¡No! Él dijo que no se retiraría del Despacho del Ejecutivo sin el decreto. ¡Y el Decreto lo dictó la Asamblea! No dice el señor Cevallos que la emisión del decreto se haya debido a la proposición de algún Diputado o de la Directiva de aquel Alto Cuerpo. Hay que convenir entonces en que la proposición partió del Poder Ejecutivo, que ejercía Don Juan Lindo.

Y siendo éste, en tal caso, el iniciador oficial de la fundación, aunque haya sido por complacer al General Malespín, o por otro motivo, y no por propio impulso, se le puede considerar el fundador de la Universidad. Es de sentir que el señor Cevallos que, en muchos puntos importantes, apoya en documentos sus afirmaciones, no nos haya trasladado los pasajes de las Actas de la Asamblea que contienen los antecedentes del Decreto en referencia. Pero confiamos en que se han de publicar algún día, y si confirman lo que él dice, le daremos toda la razón.

Entretanto, creeremos más al Rector, Dr. Gallardo, que diez y ocho años después de la fundación de la Universidad inscribió en el escudo de ella que Don Juan Lindo fue su fundador, que al señor Cevallos, que escribió veinte años después de aquel homenaje espontáneo, o sea, a los treinta y ocho años de la fundación. Esto sin considerar que el solo Decreto de la Asamblea no era la creación del establecimiento: lo que importaba era la ejecución de él y Lindo cuidó de realizarla.

El mismo historiador señor Cevallos acusa a Lindo de haber confirmado a Honduras, su patria natural, en la posesión de las islas de Amapala y Zacate Grande, que a su juicio han pertenecido por tiempo inmemorial y remoto a El Salvador. Dice que hay comprobantes de que estas islas se entregaron en depósito a Honduras en 1833 para facilitarle la persecución de las facciones que en territorio hondureño se levantaban a menudo, pues llegando los revoltosos a tales lugares, su castigo se hacía difícil a las autoridades del Estado.

No hay nada de esto, y desearíamos también conocer el acuerdo, la orden o convenio referentes al pretendido depósito y a su confirmación. La verdad es que todas las islas del Golfo de Fonseca, que pertenecían a la jurisdicción de la Villa de Jerez de la Choluteca fueron declaradas, con ésta y otros pueblos, parte del territorio jurisdiccional de la Alcaldía Mayor de Tegucigalpa, creada por la Audiencia de Guatemala presidida por el Lic. García de Valverde, el 22 de junio de 1579. Fue el Alcalde Mayor nombrado Juan de la Cueva, y a éste sucedió Juan Cisneros de Reinoso, en virtud de Real Provisión de la Audiencia, de 31 de octubre de 1580. La creación de la Alcaldía Mayor con su jurisdicción territorial fue confirmada por el Rey Don Felipe II, en Cédula dictada en Monzón el 6 de octubre de 1585. En ella nombró el Rey por primera vez Alcalde Mayor de Tegucigalpa, siendo el nombrado Juan Núñez Correa.

El Alcalde Mayor D. Fernando Alfonso de Salvatierra, ejerciendo jurisdicción en las islas, abusó de los indios de la de Mianguera, obligándolos a traerle a Tegucigalpa anualmente, a cuestas, cuatro fanegas de granos; y fue condenado a diferentes penas: el Rey reprobó su conducta en Cédula de 16 de agosto de 1686. Su sucesor Don Antonio de Ayala trasladó los indios de dicha isla, con motivo de las invasiones de los piratas, al pueblo de Nacaome. Y en los años siguientes hasta la Independencia, y después de ella, siguieron las islas del Golfo de Fon seca bajo la jurisdicción de Honduras, hasta que Don Joaquín Eufrasio Guzmán, siendo Comandante de La Unión, empezó a sostener que Mianguera pertenecía a El Salvador.

Respecto a lo de 1833, Don Santiago I. Barberena, citando a Don José María Cáceres, dice que en aquel año, bajo la Administración de Don Joaquín San Martín, originario de Honduras, permitió al Gobierno de este país el de El Salvador la ocupación provisional de Zacate Grande y Tigre, bajo la condición de que aquel Gobierno desarmaría y concentraría a los disidentes emigrados de San Miguel que asilados en territorio hondureño inquietaban la frontera; ocupación que debía durar hasta la completa pacificación de dicho departamento, la cual se logró pronto.

Esto, que se puede llamar la invención Cáceres Barberena, difiere de lo que se puede llamar la invención Cevallos, porque éste habla de facciones contra el Gobierno de Honduras y aquéllos hablan de facciosos emigrados de San Miguel, esto es, contra el Gobierno de El Salvador. Por otra parte, no es lo mismo depósito que ocupación. Pero sin discutir sobre esto, la verdad es que no hubo ni depósito ni ocupación, ni persecución por el Gobierno hondureño, de facciosos hondureños ni persecución de emigrados de San Miguel. He aquí lo sucedido:

En 1833, en 10 de mayo, se firmó en Comayagua entre Don José Miguel Montoya, representante de El Salvador y Don Santos Bardales, de Honduras, un convenio sobre reforma de la Constitución Federal, que contiene nueve artículos: en ninguno de éstos se habla de ocupación o depósito de aquellas islas ni sobre territorio, en sentido alguno.

Por Decreto de 17 de octubre de 1833, el Vicejefe del Estado de Honduras Don Francisco Ferrera, que ejercía el Ejecutivo por ausencia del Jefe Don Joaquín Rivera, mandó llevar adelante los Decretos de la Asamblea y del Gobierno, de ese año, por los que se habilitaba un puerto en el punto del Tigre, jurisdicción de Nacaome: las primeras casas del puerto se construyeron de marzo a julio de 1834: El Estado de El Salvador no hizo ni podía hacer observación alguna.

El 17 de diciembre de 1833 estalló un movimiento revolucionario en San Miguel, cuyos caudillos eran J. Miguel Montoya, Juan José Guzmán, Sixto Pineda y Mónica Manzano.

Enviado a sofocar este movimiento el Coronel Fermín Paredes, los revolucionarios desocuparon la plaza y entraron a territorio hondureño, pidiendo asilo. Paredes pidió pase al Ejecutivo para continuar en seguimiento de aquéllos, y habiéndoselo concedido Ferrera, entró con sus tropas y dio alcance en San Bernardo a los fugitivos, a quienes atacó y dispersó. La conducta de Ferrera en este caso hizo que el Jefe Don Joaquín Rivera volviera inmediatamente al ejercicio del Poder Ejecutivo.

Se habla de que Paredes penetró de nuevo a Honduras, sin permiso del Gobierno, siempre en persecución de salvadoreños, sin hacer caso de la intimación de Don Francisco Arias, Jefe de Choluteca.

En estos acontecimientos, que se desarrollaron rápidamente, no se ve el instante en que se haya podido pactar depósito u ocupación de las islas. Y en el Pacto de 10 de mayo se ve que no se trató de una ni de otra cosa.

Las leyendas, pues, de Cáceres Barberena y de Cevallos caen por sí solas. Y Lindo queda libre del cargo que contra él formula el señor Cevallos. Todavía se dirá adelante algo sobre Amapala.

Otro cargo le hace el historiador Cevallos a Lindo, en el ejercicio del Gobierno de El Salvador: el hecho de "haber disuelto con inconmovible osadía el 6 de noviembre de 1841 las Cámaras

Legislativas a usanza regia brotada de un insano despotismo". Las Cámaras se habían reunido extraordinariamente en octubre.

En efecto: se ha dicho que Lindo entró al Poder Ejecutivo en un período de transición: se iba a pasar del federalismo al separatismo: de la forma de Gobierno que había tenido de su parte a la ilustración, representada por inteligencias superiores como José Matías Delgado, José Francisco Barrundia, Isidro. Menéndez, Mariano Gálvez y Francisco Antonio Márquez, a la que tenía en su apoyo a la ignorancia y la ambición, representada ésta por el pseudo Marqués de Aycinena y aquélla por tipos como Francisco Ferrera, Rafael Carrera y comparsa.

Morazán, que había sido el sostén de la República Federal, aunque proscrito, contaba con un partido formidable. Preparábase un movimiento en favor del glorioso caudillo y las cámaras simpatizaban con él: se quería, para el objeto, dar en tierra con Lindo y Malespín. Prevenido a tiempo Lindo, se adelantó a sus enemigos y fue él quien dio el golpe, haciendo prender, por medio del Comandante Malespín, a los individuos de la Legislatura, a quienes expulsó de El Salvador. Se logró prender a los Diputados Don José Santiago Milla, Don Lucas Resuleu, Don Higinio Pinto y Don Francisco Zaldaña y a los senadores Don Gregario Pinto, Don Sixto Pineda y Don J. Miguel Montoya. Los demás Diputados y Senadores se habían ocultado.

¿Habrá que condenar a Lindo por su conducta como lo hace el señor Cevallos? Hay que considerar que tanto el Poder Ejecutivo como el Legislativo tienen la misión de realizar el Derecho: desde que se apartan de ella no son ya los representantes de la legalidad: son el hecho nada más, y en este caso el unir o que puede decidir es el más fuerte.

Lindo explicó su conducta en estos términos:

"El Presidente Provisional del Estado de El Salvador, a los habitantes del mismo.

Conciudadanos:

Aún no han podido los pueblos mitigar hasta ahora el sufrimiento de los incalculables males que les originó la última guerra, y ya se les preparaba otra mucho más desastrosa por los enemigos de la Administración actual y adictos a la pasada.

Destituidos éstos de todo sentimiento de humanidad, del amor a la patria y olvidados del deber sagrado que ésta les impone de procurar por su bien y felicidad, se han osado a quererla nuevamente precipitar al trastorno y a la anarquía; a sacrificar otros millares de víctimas y a reducir a los pueblos a su total exterminio.

El criminal Nicolás Angulo, que en días anteriores no pudo efectuar su plan revolucionario, refugiado ocultamente en esta capital, y protegido por varios individuos de las Cámaras, quiso, por segunda vez, llevar con estos a cabo sus depravados designios, apoderarse de las armas: destruir la presente Administración: aniquilar a los pueblos con empréstitos y contribuciones, y privarlos de la paz y seguridad de que felizmente disfrutan.

El deber del Gobierno y la necesidad a que se ve reducido de salvar a todo trance el Estado de cualquiera conmoción que pueda conducirle a su ruina: de conservar a los pueblos en orden y tranquilidad: de ponerlos a cubierto de exacciones y violencias: de que continúen gozando de los útiles establecimientos que se han planteado de beneficencia y enseñanza pública: de que no sufran nuevos impuestos, en su industria y comercio; y por último, de que no se derrame ya más sangre de la que infructuosamente se ha derramado, le ha obligado a tomar la sensible pero indispensable providencia de expulsar en este día fuera del Estado a aquellos Diputados y Senadores que descaradamente coadyuvaban a las criminales miras de Angulo, como igualmente a otros individuos que se hallaban presos como cómplices en la misma conspiración.

Conciudadanos: El Gobierno ha obrado de esta manera por vuestra propia seguridad y para evitar así el que los demás Estados se hallasen en la necesidad de levantar tropas sobre éste para sofocar a aquella facción, originando gastos inmensos que no podrían sufrir los pueblos en su miserable situación. Estad alerta, con los perturbadores de vuestro sosiego, no os dejéis alucinar: penetrad sus miras malignas y desorganizadoras: dad inmediatamente parte al Gobierno del que procure alterar el orden público, y estad persuadidos de que éste volará en vuestra protección y sabrá reprimir a los promotores de cualquier trastorno.

San Salvador, noviembre 6 de 1841.

J. LINDO".

La conducta de Lindo produjo conmociones populares en San Salvador, Chalatenango, Sonsonate y Santa Ana, habiendo influido en ello la idea de que aquel Jefe quería continuar en la Suprema Magistratura y declararse dictador. Hubo procesos contra los descontentos del Gobierno, pero a todo puso término el decreto de amnistía que dictaron las Cámaras a fines de enero de 1842. Volvieron al país los salvadoreños expulsados, y apareció en el "Correo Semanario de El Salvador", un Remitido en que se trataba de excusar a Lindo, y que según el historiador Cevallos es del mismo Lindo.

En ese Remitido se decía que el Presidente Lindo el 1º de febrero de 1842 había concurrido a la sesión de la Asamblea General sin otro objeto que el de manifestarle que hasta el día anterior había funcionado legalmente en la silla del Ejecutivo, y que ahora debía entrar al mando el Consejero más antiguo, por no estar electo el Presidente que constitucionalmente debía subrogarle; y que si hubiera sido un déspota ambicioso, le habría pedido que siguiera en el Gobierno provisional hasta que la elección del propietario se verificase; pero antes bien le pidió que le diera sucesor. Y en cuanto a la arbitrariedad de que se le acusaba, se decía "que los que traspasaron primeramente la ley habían perdido su carácter distintivo y sus más dichosas preeminencias".

Ello es que Lindo entregó el Poder el mismo día al sucesor que se le nombró, que era el Brigadier Don Escolástico Marín, mientras se presentaba el Lic. Don Juan José Guzmán. El manifiesto que dio Lindo al cesar en sus funciones contiene este párrafo: "No me lisonjeo, salvadoreños, de haberos hecho felices, porque mis aptitudes no eran las más aparentes, ni las circunstancias las más adecuadas; pero mis deseos han sido sinceros y he salvado al Estado de peligros inminentes, aunque con sacrificios inevitables que llenan mi alma de amargura".

Y concluía con estas frases: "Que yo vea: que yo oiga decir: "El Salvador es el depósito de la moral y de las luces, el país de la riqueza y la mansión de la paz".

"No importa que se disuelvan los vínculos que me unían a vosotros si los lazos de la amistad nos anudan para siempre. Sed dichosos, salvadoreños, y yo merezca vuestro cariño".

Lindo, al despedirse de sus gobernados con estas expresiones, revela que se retiraba tranquilamente de su puesto. Su retiro no es comparable a la caída del déspota derribado por las furias populares. Siguió viviendo en El Salvador, rodeado de toda clase de garantías y consideraciones, y demostrando siempre ser un elemento útil.

La llegada del General Morazán, proceden te del Perú, al puerto de La Unión, el 14 de Febrero, hizo ver que no estaba mal informado Lindo al proceder violentamente contra los Diputados y Senadores el 6 de Noviembre de 1841. Bien conocida es esta expedición del glorioso caudillo de la Federación de Centro América, quien de El Salvador pasó a Costa Rica, en donde hizo separarse del Poder a Carrillo y entró a ejercer la suprema autoridad, con facultades para el restablecimiento de La Unión, empresa en la que había de rendir la vida.

VIII

EL 17 DE JULIO se firmó en Chinandega un pacto de confederación por representantes de Honduras, El Salvador y Nicaragua. Fue ratificado por la Legislatura hondureña el 4 de octubre: la Federación acababa de perder en el patíbulo de San José de Costa Rica a su esforzado defensor. ¿Tendría la Confederación éxito alguno? Ya se verá el resultado.

La Asamblea hondureña nombró Delegados a la Confederación lo mismo que un Magistrado propietario y otro suplente de la Corte de Justicia: el Magistrado propietario fue Don Juan Lindo y el suplente Don Tomás Soto. Lo que demuestra que se afirmaba la amistad entre Lindo y Ferrera.

La Dieta confederativa debía reunirse en la ciudad de san Vicente, y Honduras no pudo enviar oportunamente su Delegado. Lindo, en representación de este Estado, celebró en dicha ciudad con Don José Santiago Fernández, Secretario de Relaciones y Gobernación de El Salvador, el 20 de Diciembre de 1843, un convenio por el cual se comprometía Honduras a situar su Delegado en San Vicente, del 25 al 30 de Enero próximo. Se estipuló también que se invitaría a Guatemala y Costa Rica a ingresar a la Confederación.

Sin lograrse esto último, la Dieta confederativa se instaló el 29 de marzo de 1844. Supremo Delegado de la Confederación fue don Fruto Chamorro y Presidente del Concejo Consultivo de ella fue Don Juan Lindo, representante por Honduras. El Gobierno confederal duró hasta el 29 de Marzo de 1845, en que el señor Chamorro cerró su despacho por falta de sucesor. La actitud de Lindo fue principalmente la de estar más inclinado a las miras particulares del Gobierno de

Honduras que a los intereses de la Confederación. Por lo demás, ésta fue un verdadero fracaso.

Bajo el régimen confederal ocurrieron graves acontecimientos en que habían de tomar parte los antiguos partidarios del General Morazán. Después de muerto éste, Cabañas, Saget, Barrios y otros, 206 por todos, a principios de diciembre, se presentaron en el puerto de La Libertad, pidiendo asilo y ofreciendo la barca en que venían y su armamento. Malespín generosamente otorgó el asilo, sin el consentimiento de los aliados Honduras y Guatemala. Este acto hizo que Guatemala alentara la facción de Santa Ana, y el aparecimiento del Gobierno confederal, que diera auxilios a Don Manuel José Arce para invadir El Salvador. A Arce se le dispersaron sus tropas en Contepeque habiendo perdido sus elementos de guerra. El Gobierno Confederal pidió explicaciones a Guatemala, se obtuvo el auxilio de Nicaragua, y Ferrera declaró que Honduras debía unirse con El Salvador. Cabañas y sus compañeros ofrecieron sus servicios, y fueron aceptados. Como no hubo explicaciones, Malespín, que ya era Presidente, invadió Guatemala, ocupó Jutiapa, El Sitio y la Hacienda de Quesada. Cabañas se apoderó de la ciudad de Chiquimula.

Luego Malespín, contra el propósito del Supremo Delegado, hizo la paz con Guatemala, y desconfiando de Cabañas, le dio de baja, lo mismo que a los oficiales que lo seguían. Cabañas pasó con sus amigos a San Miguel, se pronunció allí con Barrios contra Malespín, y habiendo fracasado el movimiento los pronunciados huyeron a Nicaragua, con quien aquéllos estaban en connivencia.

Honduras entretanto había sufrido las conmociones de la facción de Texiguat, que fue dominada al fin. El Supremo Delegado, para la guerra con Guatemala, había pedido a Nicaragua un contingente de mil hombres, que Ferrera no quiso dejar pasar al principio por nuestro territorio, entendiendo que el objeto era atacarlo a él, ya que nada se había logrado con la facción expresada. En seguida, rectificando, Ferrera permitió el pase en columnas de doscientos hombres, de modo que mientras una no hubiera entrado en El Salvador, no pudiera entrar a Honduras otra, procedente de Nicaragua. Pero estas fuerzas, contra lo ordenado por Ferrera, entraron a Honduras por orden del Supremo Delegado, y fueron batidas en Choluteca el 19 de agosto.

Con motivo de esta acción de armas, Nicaragua puso a las órdenes de Cabañas, de Don Joaquín Rivera y de otros, mil hombres para invadir a Honduras: éstos penetraron hasta Nacaome, y allí fueron derrotados el 24 de octubre.

El Salvador pidió entonces la entrega de Cabañas y de Barrios o su expulsión, y como Nicaragua se negara a todo, se alió con Honduras para hacerle la guerra. El resultado fue que los ejércitos aliados tomaron la ciudad de León el 25 de enero de 1845; pero con tan mala suerte que los perseguidos Cabañas y Barrios, que habían dado origen a la guerra, lograron escapar del sitio, llegar al puerto de La Unión, promover el desconocimiento de Malespín, del que Barrios hizo creer que había sido derrotado, y hacer que entrara al ejercicio del Poder Ejecutivo de El Salvador Don Joaquín Eufrasio Guzmán, como Vicepresidente.

Lindo regresó entonces a Honduras.

Ferrera había terminado su período de Gobierno y le sucedió Don Coronado Chaves. Este tomó bajo su protección a Malespín, y en ello tuvo origen una guerra entre El Salvador y Honduras: dos expediciones salvadoreñas entraron al territorio hondureño: la una por San Miguel, al mando del General Cabañas, que avanzó hasta Comayagua, donde fue derrotado el 2 de junio: la otra al mando del General Indalecio Cordero, que penetró al departamento de Gracias, adelantándose hasta Los Llanos, de donde retrocedió a Sensenti, punto en que fue derrotada el 10. El General Guardiola entró entonces a La Unión, ocupó San Miguel, y ocurrieron otros acontecimientos que no cambiaron la situación. Promoviéronse luego negociaciones de paz, y en Sensenti se reunieron a tratar los señores Don Juan Lindo, Don Carlos Herrera y Don Joaquín Aguiluz, Representantes de Honduras, con los señores Don José Antonio Jiménez y Don Cayetano Bosque, Representantes de El Salvador. Asistió también, como Representante por Guatemala, Don Joaquín Durán, en calidad de mediador.

El Tratado se firmó el 27 de noviembre, y conforme a él no podrían volver a El Salvador los señores Francisco Malespín y Nicolás Espinosa hasta que su Gobierno estimara conveniente darles salvoconducto; Honduras y El Salvador se ligaban y confederaban en perfecta amistad y alianza, reconociendo y respetando recíprocamente su independencia y soberanía, sin ingerirse de modo alguno en su régimen interior y por medio de un Comisionado hondureño en El Salvador y de un salvadoreño en Honduras, procurarían proceder de acuerdo sobre la organización del Gobierno Nacional.

No obstante, este Tratado, en Honduras se favorecían las miras de Malespín. En San Salvador había estallado en julio de 1845 un movimiento revolucionario acaudillado por el Obispo Don Jorge Viteri y Ungo. Fracasado el intento, quiso pasar a Guatemala; pero no habiéndosele querido admitir allí, se vino para Honduras. Aquí se puso de acuerdo con Lindo y Malespín, y éste preparó una invasión a El Salvador. Malespín marchó a Nacaome en donde el Comandante Goyenaga le facilitó armas y parque, y en Tegucigalpa le proporcionó otras Bernardo Lara, Comandante de la plaza; reunió a los más perversos de sus oficiales, porque los menos malos no le auxiliaron sino muy bajo de cuerda, y con ellos y la recluta que, por medio de Don Juan Lindo, se le reunió en los pueblos de Sensenti y Guarita, atacó la plaza de Chalatenango recorriendo en seguida los pueblos y aldeas fronterizos.

El Obispo Viteri, que antes había fulminado excomunión contra Malespín, ahora en el pueblo de Corquín, lugar designado para su residencia, durante las operaciones bélicas, expide una Pastoral a su favor el 8 de noviembre, diciendo que está destinado por la Providencia Divina para defender a la vez la Religión del Estado y los derechos de los salvadoreños.

De Lindo se conserva esta carta:

"Ingenio, 31 de octubre, a las 12 de la noche.

Mi amado ahijado:

Contesto sus dos estimables en el momento que las he recibido, lo supongo a esta hora caminando para Chalatenango; pero será un arrojo si no tienen avisos ciertos de la posibilidad para el asalto; a Chacón, a Hernández y a Choto, les encarecí mucho las espías de confianza y que adelantasen al oficial Casco. Quiera Dios que lo hayan hecho.

Me parece muy bueno, caso que se logre que usted se ponga en Chalatenango, el que el Señor Obispo se ponga en Guarita. Mañana temprano tendrá S. Ilustrísima su carta y mis observaciones y en persona iré a traerlo luego que me avise cómo le ha ido.

Madrugo para Sensenti, para que el Comandante Toro pida 200 fusiles.

Hoy volvió el correo que mandé a Flamenco, y me contesta la que le acompaño; lo espero mañana y le entregaré la que usted le escribe.

No sea arrojado; poco importa el ganar si usted nos falta, y la audacia es conveniente en ciertos casos, no para todos los lances de la guerra.

Hoy habrá recibido los dos correos que le he mandado, el último sólo porque no le pusiese a la tropa la señal que le doce el Señor Obispo, de la Cruz. [5]

Bien sé que usted sólo estará para obrar, pues ya lo conozco, pero escríbame cuantas veces pueda.

A todos mis memorias; soy suyo.

LINDO".

Malespín y sus colegas fueron derrotados en el pueblo del Dulce Nombre. Lindo y Viteri concertaron entonces el plan de hacer punto de reunión el volcán de Santa Ana, en donde suponían tener partidarios. Esta tentativa no tuvo éxito. Por fin, el 25 de noviembre, Francisco Malespín, que había llegado a San Fernando con tres oficiales y un soldado, hizo un disparo de pistola a un individuo, esto produjo un levantamiento en el pueblo, del que resultó muerto a machetazos: le cortaron la cabeza y la llevaron como un trofeo a San Salvador.

IX

EL PERÍODO del Presidente Chaves terminaría el 1º de enero de 1847. Se habían practicado elecciones para el período de 1847-1848. y la Cámara de Representantes, en Decreto de 11 de enero, habiendo procedido al escrutinio y no habiendo resultado elección de hecho, eligió entre los que se reunieron el número de sufragios determinados por la ley, Presidente, al General Francisco Ferrera.

Este renunció el 12, haciendo entre otras declaraciones la siguiente: "La ambición o la codicia de unos, la amistad o interés

---

[5] Se refiere a una cruz negra que el Obispo había mandado fijar en las banderolas de las lanzas como, insignia de muerte y exterminio.

parcial de otros y los buenos deseos de muchos, han formado varios partidos respecto de la persona que debe obtener el Poder Ejecutivo: estos partidos han trabajado asiduamente en favor de su opinión, y alguno de ellos se ha valido de amenazas para infundir terror a su contrario, al grado que se temen mutuamente, según el resultado de la elección. Los partidos dominantes son uno por el Lic. señor Felipe Jáuregui y el General señor Santos Guardiola y otro por el expresidente señor Coronado Chaves y yo. Cualquiera de los cuatro que obtenga la Presidencia encontrará ya una oposición anticipada a su Administración y a su conducta, pues bastantes pruebas se han dado ya de esto en la época del señor Chaves. En tal hipótesis, y en la de haber candidatos que no pertenecen a ninguno de estos partidos, yo juzgo con mucho fundamento que el acierto de la elección depende de la exclusión de aquellas personas que esperan los partidos para triunfar".

La Cámara, por decreto del 13, admitió la renuncia de Ferrera y eligió Presidente para el período de 1847 y 1848 al señor Doctor Don Juan Lindo. Este tomó posesión de su cargo el 12 de febrero siguiente.

El 14 de diciembre de 1845 se había abierto en Tegucigalpa, un establecimiento de enseñanza con el título de Sociedad del genio emprendedor y del buen gusto, que fue el germen de la actual Universidad de Honduras; sus jóvenes fundadores nombraron Rector del establecimiento al Presbítero Don José Trinidad Reyes. En Decreto legislativo de 10 de marzo de 1846 se declaró la protección de la Cámara a este establecimiento, al que se le había dado el nombre de Academia Literaria de Tegucigalpa. Lindo cuidó inmediatamente de favorecer el instituto, y la primera medida que se obtuvo en su Gobierno fue la de que la Cámara acordase el 20 de febrero de 1847 la manera de administrar sus fondos y autorizar al Poder Ejecutivo para que removiera los obstáculos que se presentaran a los progresos de la Academia y demás establecimientos de ilustración en el Estado.

Lindo, por Decreto de 23 de marzo, reglamentó las escuelas de primeras letras, y por Decreto de 12 de abril, asignó las dos terceras partes de la contribución de censo territorial para el sostenimiento de la Academia.

A este tiempo los Estados Unidos de América hacían la guerra a México. Lindo que, como debe recordarse, se había educado en aquella República hermana y que había querido que Centro América siguiese su suerte al proclamarse la Independencia, lanzó la siguiente proclama:

"El Presidente del Estado de Honduras, a los Centro Americanos.

La fatalidad rige actualmente los destinos de México y amenaza a sus hijos con la desolación y exterminio. Los Norteamericanos han destruido la hermosa población de Veracruz, se han posesionado de sus escombros y marchan sobre la capital; en el día no sabemos qué otras desgracias pesarán sobre aquella Nación.

Son nuestros hermanos, sus riesgos son nuestros y su suerte es la que nos espera; no debemos guardar silencio y sí ayudarlos de alguna manera en su honrosa lucha.

Sepa el mundo todo que los hondureños están prontos a cumplir sus deberes de cualquier naturaleza que sean.

A todo trance sostendré en el Estado una paz honrosa; pero no lo haré con sacrificio del honor Hondureño, porque un pueblo envilecido sólo sirve para arrastrar cadenas y para sufrir humillado las amenazas y las injurias que le haga el más fuerte.

Hoy me dirijo a los Gobiernos de la República, haciéndoles las observaciones concernientes para que si lo tuviesen a bien procuremos auxiliarlos como sea posible, o por lo menos manifestarles nuestra buena disposición por su causa y libertad.

La división y los partidos interiores han arruinado a nuestros hermanos Mexicanos. Ocho millones de habitantes; de que se compone aquella Nación, no han podido defenderse de un puñadito de hombres que han mandado a tomarse sus tierras, sus propiedades y anular sus derechos. ¿Cuál sería la suerte de los Centro Americanos si continuásemos divididos?

Los hondureños siempre se presentan extraordinariamente grandes, se ha trabajado por dividirlos moviendo los resortes más convenientes, pero nada ha sido bastante para extraviarlos: el respeto al Gobierno y la sumisión a la ley lo consideran como su poder, su gloria y su honra ... ¡¡¡Qué placer experimenta el que rige los destinos de un pueblo adornado con estas virtudes!!!

Comayagua, junio 1° de 1847.

JUAN LINDO".

Ferrera y Guardiola, Ministros de Lindo, publicaron otra proclama el 2.

Don Alberto María Carreño encontró, en la Secretaría de Relaciones Exteriores de México, las notas relativas, e hizo una interesante relación, según refiere Don Victoriano Salado Álvarez. Dice aquél, que según el Presidente Lindo lo indicaba en su proclama, ésta fue enviada a los diversos Gobernadores de Centro América con una nota que les dirigió el Ministro de Relaciones Exteriores, en la que se leen estos párrafos:

La proclama que en esta fecha se ha servido emitir el Señor Presidente de Honduras, y de cuya orden tengo el honor de acompañar a usted diez ejemplares para conocimiento del Supremo Gobierno de ese Estado, manifiesta lo sensible y doloroso que son a aquel alto y digno funcionario los desastres que actualmente agobian y desgarran a la Nación mexicana, y que no deben mirarse por los centroamericanos con una iría indiferencia, porque bien pueden ser eminentemente peligrosos para la República en el caso de no prepararse con tiempo para oponerse a los proyectos que pudiera tener el Gobierno del Norte".

Prescindiendo de que los hijos de México son hermanos de los del Centro y que bajo este concepto su deplorable y ultrajante depresión se haría también extensiva a nuestra Patria; hollando nuestro espíritu nacional, el Supremo Gobierno de este Estado no ignora que se asegura que el de los Estados Unidos ha hecho entender al de México que con Centro América se compensarán los territorios que le fuesen desmembrados para incorporarlos a la República del Norte… El fatal aturdimiento, postración e infinitos partidos que desgarran las entrañas de ese desgraciado país, hace temer al Señor Presidente de Honduras que el General Santa Anna tal vez no se pondrá en aptitud de vencer, y que por este motivo sucumba aquel denodado defensor de México; suceso que ciertamente no es difícil de ocurrir, calculando por los antecedentes, y que coadyuvaría del modo más eficaz a que la República Mexicana desapareciese de todo punto o fuera mutilada siempre con riesgo de perder su ser político la del centro".

"Tan gravísimos como fundados temores han decidido a este señor Presidente a acordar el día de hoy: se manifieste a los otros Estados hallarse pronto el de Honduras a adoptar las medidas que se estimen convenientes para garantizar nuestro territorio en el caso no remoto de que el ejército norteamericano intente obrar sobre esta República; y que además cooperará por su parte con el mayor esfuerzo a que se den al señor Santa Anna les auxilios que sean compatibles con la riqueza del país y con los principios establecidos por el derecho de gentes, para los Gobiernos neutrales…".

El señor Salado Álvarez, comentando la proclama de Lindo en relación con la actitud de Colombia, Perú, Argentina y otros países que hicieron caso omiso de la catástrofe que cogía de lleno a los mexicanos, dijo: "Solamente un país de habla española se puso de nuestra parte, y ese fue la República de Honduras que, a pesar de su pequeñez y de su desvalimiento, protestó en airados términos contra los atentados que sufríamos".

El señor Licenciado Don José Ascensión Reyes, sociólogo profundo, exquisito novelista y escritor mexicano de primer orden, comentó la proclama de Lindo, en agosto de 1830, que fue cuando la conoció, y de la que dudaba que hubiera llegado al Gobierno de México, en estos términos:

"Casi está en lo justo el Presidente Lindo al afirmar que los norteamericanos habían destruido la población de Veracruz, porque en los cinco días que duró el asalto de los invasores, la artillería enemiga destruyó las dos terceras partes del puerto.

Acertadamente dice el Presidente Lindo que la división y los partidos interiores arruinaron a la nación Mexicana, pero no es exacto que México no haya podido defenderse del ejército americano, puesto que se dieron veinte y dos batallas, entre ellas, la de Angostura, en la que, como dice un historiador, si no venció el ejército Mexicano no hubo vencedor. El hecho de que los Estados Unidos hayan perdido en la guerra de México 25. 000 hombres, de los 100.00 que la invadieron, demuestra lo recio de la defensa".

Y concluye así:

"Creo que merece ser reconocido ese acto de simpatía del presidente de Honduras hacia México, en mementos de suprema angustia nacional y que los mexicanos debemos gratitud al Presidente Lindo y al pueblo hondureño por haber estado con nosotros en nuestros días de prueba y de dolor.

"Para un espíritu materializado, esa proclama del Presidente Lindo no tuvo ningún significado, porque en nada favoreció a México, materialmente. Tampoco cuando se da el pésame a una persona de nuestra estimación por la pérdida de un ser querido, nuestras palabras no devuelven la vida al desaparecido, pero sí mitigan el dolor del que sufre.

"Se dirá que tal vez ni el Gobierno mexicano tuvo conocimiento oportuno de la actitud del de Honduras. Pero esta obra fue de las circunstancias y en nada disminuyó el mérito y la buena voluntad del Presidente Lindo.

Por eso creo que los mexicanos le debemos gratitud".

He aquí la nota que el Gobierno de México dirigió al de Honduras:

"A Su Excelencia el señor Ministro de Relaciones Exteriores del Supremo Gobierno del Estado de Honduras.
Querétaro, 15 de octubre de 1847.

Señor Ministro;

El infrascrito, Ministro de Relaciones Exteriores de la República, ha tenido la honra de recibir, con algún atraso, la nota de V. E., fecha 2 de junio anterior y los ejemplares a ella adjuntos del número 2 de ese periódico oficial.

El infrascrito, con la mayor satisfacción, presentó a S. E. el Presidente la referida nota de V. E.; el Supremo Magistrado de la Nación ha visto con la más sincera gratitud los generosos y fraternales sentimientos del Ilustre Presidente del Estado de Honduras. El Gobierno y Pueblo Mexicanos aprecian, como deben, los deseos de esa importante parte de Centro América, por que prevalezca la causa santa de la justicia en la contienda cruel y sangrienta de que es teatro el continente americano por la ambición y perfidia del Gobierno de Washington. Entre México y Centro América existen todos los vínculos que pueden unir a dos Naciones: origen, idioma, religión, espíritu de libertad; todo en fin contribuye a excitar las más vivas simpatías entre los dos pueblos, y a ver como propios sus intereses y sus infortunios.

En efecto, Señor Ministro, en la contienda que México sostiene no sólo se hallan comprometidos su bienestar y su gloria sino los intereses de toda la generosa raza hispanoamericana, que sería absorbida por la raza del Norte si por desgracia triunfase la causa de la iniquidad y la injusticia.

México, a pesar de sus infortunios, sabrá cumplir los deberes que le imponen su honor y amor a la independencia. La República a quien la Providencia destinó para ser la primera Nación atacada por los Estados Unidos, hará cuantos esfuerzos le fueren posibles, por sí y por sus hermanos los Estados de Centro América.

El Presidente ordena al infrascrito que así lo manifieste a Vuestra Excelencia, reiterándole la inmensa gratitud de que Su Excelencia se halla poseído por las benévolas ofertas que a favor de México hace el Supremo Magistrado de Honduras.

El Excelentísimo Señor Presidente desea ardientemente la paz y prosperidad de Honduras, así como que se estrechen cordialmente y se fortifiquen más y más las amistosas y fraternales relaciones que felizmente existen entre México y los Estados de Centro América.

El infrascrito, ruega a V. E., se sirva dar cuenta con lo expuesto al Excelentísimo Señor Presidente de Honduras; y aprovecha la oportunidad para ofrecerle la muy distinguida consideración con que tiene el honor de ser de V. E., Señor Ministro, muy obediente y atento servidor.

LUIS DE LA ROSA".

La actitud de Lindo no produjo ningún resultado en los Gabinetes de los demás Gobiernos centroamericanos. Su esfuerzo quedó aislado; su voz no fue oída. Pero hizo saber a México, ante el continente, que se sentía solidario con su causa, aunque no pudiera más. Y la memoria de este noble rasgo será imperecedera.

Otro acto de simpatía de Lindo hacia México fue el de haber dictado un Decreto el 6 de junio, en que declaró al Estado de Honduras protector de todas las familias que habían tenido la desgracia de emigrar por consecuencia de los disturbios políticos acaecidos en el Estado de Yucatán. Estas infelices familias de Bacalar habían llegado a los puertos de Omoa y Trujillo y no pudiendo el Gobierno facilitarles auxilios pecuniarios por las escaseces de la Hacienda Pública, les ofreció como suyos los terrenos que cultivaran, excluyéndolos de toda carga concejil por el término de cinco años y ofreciéndoles, además, a todos los que vinieran a avecindarse a la capital solares gratis para que fabricaran sus casas.

El 21 de marzo de 1847, se erigió el Estado de Guatemala en República independiente, por Decreto de Rafael Carrera. El Gobierno guatemalteco nombró al Licenciado Don Ignacio González, comisionado ante el Gobierno de Honduras. Este comisionado fue reconocido el 2 de agosto por el Gobierno de Lindo, pero "dejando, al verificarlo, intactos y subsistentes los compromisos y deberes en que aquel país se hallaba constituido respecto de los otros de Centro América en cuanto al restablecimiento de un Gobierno General". Esta declaración desagradó en Guatemala y enfrió las relaciones con Honduras.

Ella demuestra que Lindo seguía rectificando, y ahora veía claro que la existencia de la República de Centro América era una necesidad. Consecuente con este modo de pensar, convocó a sesiones extraordinarias a la Cámara de Representantes. Reunida ésta en Comayagua el 25 de agosto, convocó por Decreto de 3 de septiembre una Asamblea Constituyente para reformar la Constitución de 1839.

Entretanto, había celebrado tratados con El Salvador y Nicaragua, en los que se había convenido que se reuniera una Dieta Nacional en Nacaome para reconstituir el Gobierno Confederal. La Dieta se reunió el 6 de junio y los Delegados fueron por Honduras Don coronado Chaves y Don José Santiago Bueso; por El Salvador, Don Félix Quirós y Don Sixto Pineda, y por Nicaragua, Don Máximo Jerez y Don José Sacasa. El 7 de octubre se firmó un Convenio sobre Gobierno provisional y otro sobre convocatoria de una Asamblea Constituyente que se reuniría en Tegucigalpa. En el primero de ellos, se organiza un Gobierno confederal con poder y rentas suficientes para afianzar la independencia de la Nación respecto al Exterior y para sostener y conservar la paz y la tranquilidad en el interior.

En el curso de estos trabajos, Lindo se empeñaba en favor de la instrucción pública. Había decretado que en la Academia Literaria del Estado se enseñaría desde leer y escribir con perfección y principales reglas de Aritmética, la lengua Castellana y Latina, los idiomas inglés y francés; filosofía, cuyo curso comprendería matemáticas puras, inclusa la Geometría Práctica, la Retórica y la Geografía. Obtenido el título de Bachiller, se cursaría la Medicina, Cánones y Leyes, estudio al cual se añadiría el de Derecho de Gentes. Oportunamente y luego que se encontrara un inteligente se establecería una clase de Química y Metalurgia y las demás necesarias.

Por Decreto de 13 de septiembre, mandó que la Academia Literaria de Honduras y su claustro se instalaran solemnemente el 19 del mismo mes. Para formar éste y no habiendo suficiente número de Profesores, confirió grados de Doctores y Licenciados, según sus conocimientos en los diferentes ramos del saber, y de acuerdo con el Diocesano, a las personas que por su notoria instrucción daban lustre a la patria, comprendiendo a los Licenciados hijos del Estado y de los otros de la República que existieran en Honduras y presentaran sus títulos dentro de treinta días, contados desde la fecha del Decreto. Entre los agraciados, con el título de Doctor en Teología, figura el Presbítero Don José Trinidad Reyes. Rector del establecimiento desde que se inauguró en 1845.[6]

Lindo se preocupó también de la reforma legislativa: comisionó al Licenciado Don Tadeo Lima para que redactase los proyectos de Código Penal y Código Civil: el señor Lima era salvadoreño, pero su ilustración y capacidad eran indiscutibles, y Lindo, al conferirle este importante encargo, no lo consideró con el estrecho criterio con que él fue considerado más tarde por haber sido llamado al ejercicio de la primera Magistratura de El Salvador, habiendo nacido en Honduras.

El 11 de diciembre, se instaló la Asamblea Constituyente convocada por Decreto de 3 de septiembre. Lindo, en la instalación dirigió un mensaje en que habla de los vacíos de la Constitución vigente y de las disposiciones de ellas que demandaban nuevo examen. Contestóle el Presidente Don J. Francisco Zelaya.

A esta Asamblea se sometieron los Pactos firmados en Nacaome, y merecieron su aprobación en Decreto de 14 de enero de 1848.

El 4 de febrero se dictó una nueva Constitución. Conforme a ella el Estado es uno de los confederados de Centro América, en virtud de la aceptación que libremente hizo de lo pactado en Nacaome. El 4 de febrero se dictó una nueva Constitución. Conforme a ella el Estado es uno de los confederados de Centro América, en virtud de la aceptación que libremente hizo de lo pactado en Nacaome. Si los pactos eran aprobados por Nicaragua y El Salvador, y reunida la Asamblea Constituyente, decretaba la Constitución que había de regir a la Confederación, la Legislatura ordinar a convocaría una Constituyente para que la aceptase y modificara, a la vez, la del Estado sólo en la parte en que se opusiese.

---

[6] Véase Revista de la Universidad: tomo 1º, página 325.

La nueva Constitución declaraba ciudadanos a los hondureños mayores de 21 años, que fueran padres de familia y tuvieran la propiedad que designara la ley o que, sin ella, supieran leer y escribir, y a los Licenciados En cualquiera de las facultades mayores. Desde 1860 en adelante, ningún hondureño sería ciudadano si no sabía leer, escribir y contar. Dividió el Poder Legislativo en dos Cámaras: una de Diputados y otra de Senadores. Confirió al Presidente la Comandancia de las Armas, que la Constitución de 1839 confería al Ministro de la Guerra, lo que hacía que este funcionario dispusiese, de hecho, de mayor poder que el mismo Presidente.

Parece, a lo que se oyó a contemporáneos de Lindo, que esto y la extensión del período presidencial fueron los principales motivos de la reforma constitucional. Se creó también un Consejo de Estado. Y se declaró abolida la pena de muerte, la que sólo podría imponerse a los que mandaran infligirla a una o más personas. La abolición de la pena de muerte no fue del agrado de Lindo, y en el Redactor Oficial apareció una nota de 3 de agosto de 1848, en que pidió el Gobierno a la Asamblea General que se suspendiera la aplicación del artículo 87 de la Constitución lo mismo que la de los artículos 70 y 88 de la misma.

El mismo día en que se firmó la Constitución, la Asamblea Constituyente nombró al Doctor Don Juan Lindo, Presidente del Estado, para regirlo interinamente, mientras se practicaban las elecciones: Vicepresidente al señor Eligio Andrade; y Consejeros de Estado, a los Beneméritos Generales Francisco Ferrera y Santos Guardiola.

El día siguiente, concedió una amnistía general a todos los hondureños que desde el año de 1839 hasta el presente hubiesen cometido delitos políticos. Y dictó otro decreto convocando para el 19 de marzo a elecciones de autoridades Supremas, esto es, Representantes y Senadores y Presidente del Estado. Las Cámaras se instalarían el primero de junio. El período del Presidente que resultase electo, cualquiera que fuese el mes en que hubiera empezado a funcionar del año de 1848, concluiría el 31 de enero de 1852.

Lindo mandó someter a la Constituyente el Proyecto de Código Penal que el Licenciado Lima había presentado el 30 de Octubre de 1847: la Asamblea receso el 6 de Febrero, sin haber tenido tiempo bastante para ocuparse de su examen. Este proyecto y el de Código

Civil que presentó su autor el 3 de marzo de 1848 quedaron para pasarse al Cuerpo Legislativo: el Gobierno se manifestó muy satisfecho de ellos, pero nunca llegaron a ser ley.

X

FACULTADO EL Presidente Lindo por el artículo 40 del Decreto de 31 de enero de 1848 para procurar la reunión de las Cámaras Legislativas del Estado el 1º de junio próximo y habiendo necesidad de que se reunieran antes para que conocieran de asuntos graves que el Ejecutivo no podía resolver, dictó el 26 de abril un Decreto convocándolas para el 15 de mayo.

La Asamblea General no pudo instalarse hasta el 10 de julio: el 12 del mismo dictó un Decreto declarando a Lindo Buen Servidor del Estado, porque se había conducido con el mayor tino y honradez en el tiempo en que constitucional y provisoriamente había servido la Presidencia, y entre otros bienes que había hecho, el más grande y recomendable era el de haber mantenido la paz aún en medio de difíciles circunstancias, siendo por tan filantrópica como loable conducta justamente acreedor a la gratitud pública y a que por los representantes del pueblo se le diera un testimonio de este noble sentimiento. Fundaba este Decreto en el artículo 41 de la nueva Constitución.

Este artículo decía que la duración del Presidente y Vicepresidente sería de cuatro años y podrían ser reelegidos una sola vez; sin el intervalo de igual tiempo, si lo fuesen popularmente, pero siendo preciso para ello que la Asamblea General los declarase previamente Buenos Servidores del Estadio.

Con el Decreto del 12 de julio, ya pudo la Asamblea. Con vista de los pliegos que contenían la elección de Presidente, en los que de hecho resultaba electo Lindo, declarar a éste, en Decreto de la misma fecha, Presidente del Estado, con la duración establecida en la ley de 5 de febrero del mismo año. Y declaró a la vez electo Vicepresidente a Don Felipe Bustillo.

Lindo tomó posesión de su cargo el domingo 16 de julio. Pero antes había pedido permiso para retirarse del despacho de los negocios "el tiempo necesario para recobrar su salud, porque padecía de una peligrosa afección al cerebro, que le había puesto casi en el sepulcro las veces que le había acometido y aun le embarazaba para toda ocupación mental". El permiso le fue concedido, pero no hizo uso de él hasta principios de septiembre.

El Estado de El Salvador no aprobó los pactos de Nacaome como se aprobaron en Honduras: sólo aceptó el de convocatoria a una Asamblea Constituyente. Con este motivo las Cámaras Legislativas dictaron un Decreto el 28 de agosto, cuyo artículo 1º dice: "El Estado de Honduras declara y reconoce la necesidad que tiene la República de Centro América de organizar un Gobierno o una Representación Nacional conforme a los principios establecidos en su actual Constitución y convenidos en el Pacto de Nacaome a que se refiere el artículo 2º de la misma". Conforme a ese Decreto el Poder Ejecutivo conduciría su política dictando providencias que le pusieran en relación con los demás Gobiernos de Centro América. Y se aceptó el Decreto de la Asamblea de El Salvador de 15 de marzo sobre elección de Diputados a la Asamblea.

Lindo sancionó el Decreto el 29 de agosto, y el 4 de septiembre nombró a los señores Generales Francisco Ferrera y santos Guardiola, comisionados ante el Gobierno de Guatemala para que, en unión de los de El Salvador, solicitaran la reincorporación de aquella República a los demás Estados de Centro América, de que era parte, para formar un Gobierno Nacional que los representara.

Los señores Ferrera y Guardiola no aceptaron su nombramiento, y luego nuevas dificultades impidieron la reunión de la Asamblea proyectada.

Lindo, en uso de su licencia, salió para Gracias dejando el Poder Ejecutivo en el Vicepresidente Don Felipe Bustillo. Este aparece ejerciéndolo el 12 de septiembre, poniendo el "Ejecútese" al Reglamento de Jefes Políticos y Municipalidades que había dictado la Cámara de Diputados el 21 de agosto y aprobado la de Senadores el 11 de septiembre.

El 21 de noviembre, instigado por Lindo, el General Don Santos Guardiola se pronunció en Tegucigalpa contra la Asamblea. En el acta de pronunciamiento se dispuso a prender a los expresidentes Don Francisco Ferrera y don Coronado Chaves. El Vicepresidente Bustillo se dirigió a Santa Rosa. Guardiola entró a Comayagua y trasladó el armamento a Tegucigalpa. Entretanto Ferrera y Chaves huyeron a El Salvador, pasando por Siguatepeque, Masaguara y Yarula, de donde salieron al Barrancón, y de aquí, por Corlantique, pasaron a la capital.

Lindo reasumió el Poder: dijo que la revolución de Guardiola no era más que el ejercicio del derecho de petición, y ofreció que se reuniría un Congreso y empeñarse en dejar satisfechas las aspiraciones de los revolucionarios. Una Asamblea se reunió en La Paz y otra en Cedros poco después. Esta conoció de las acusaciones del acta de Tegucigalpa, las que quedaron reducidas casi a la nada. Lo que Lindo quería con el pronunciamiento de Guardiola era hacer salir de Honduras a Ferrera y a Chaves, y lo había conseguido.

Desde 1847 había tratado Lindo de colonizar la costa de Mosquitos, haciendo venir a ella familias francesas y alemanas, pero su propósito no había de tener efecto. Había hecho colocar una guardia en la boca del río Aguán para atraer a los naturales y celar el contrabando. Esta guardia sufrió una agresión de parte de los Mosquitos, y en septiembre un Patrick Walker pretendió que se reuniera una Asamblea de los naturales que residían entre el Cabo de Gracias a Dios y el río Tinto o Black River para determinar los límites de la nación mosquita. Los convocados resolvieron no obedecer ninguna orden de nación extraña sino de las autoridades de Honduras.

La conducta de Walker obedecía a instrucciones de Federico Chatfield. Cónsul Británico en Centro América, quien, en nota de 10 de septiembre, había dicho al Gobierno de Honduras, en nombre de su Gobierno, que éste había manifestado su protección al Rey mosquito, cuyo territorio se extendía desde el Cabo Camarón hasta el río de San Juan, por lo pronto.

Lindo hizo contestar que sólo Inglaterra había reconocido al pretenso rey mosco, que no había tal nación mosquita sino una tribu incivilizada que vagaba errante en territorio de Honduras, y protestaba que usaría de los medios que emplean todos los Gobiernos del mundo para garantizar sus territorios y repeler cualquiera agresión, y el Cónsul o el Gobierno Británico respondería de los males que produjera la lucha a que se le provocaba, a pretexto de vindicar derechos de su protegido el jefe de los bárbaros mosquitos.

En enero de 1848 hubo de dirigir Lindo a Chatfield una protesta contra Granville Gower Loch, capitán de la corbeta Alama que en diciembre había llegado a Trujillo a reclamar el retiro de la fuerza establecida en el Aguán, y como el Comandante del puerto no accedió a sus deseos, cometió graves ultrajes y atentados con su gente. Lindo también tomó medidas para librar al puerto de ser acometido por los mosquitos lo mismo que para evitar sorpresas de aquellos bárbaros en el departamento de Olancho.

El puerto de San Juan de Nicaragua había sido ocupado por el capitán de aquella goleta, con quien el Gobierno nicaragüense firmó el 7 de marzo un convenio por el que dejó aquel puerto en poder de los ingleses, comprometiéndose a no perturbar a los pacíficos habitantes de él. Lindo dictó un decreto el 16 de junio, en el que declara que, como amigo y aliado de Nicaragua y siendo este Estado una de las secciones que forman la Nación de Centro América, protesta, en nombre de Honduras, no reconocer el derecho que se pretendía en la Costa Norte y puerto de San Juan ni la aduana establecida por los invasores. Tampoco pasaría por el arreglo hecho si por él se desmembrase cualquier parte del territorio de Centro América y principalmente el puerto de San Juan, reconocido siempre por todas las naciones y por la Gran Bretaña como propiedad de esta República.

Protestó igualmente de las resultas a que pudiera dar lugar la negativa del Gobierno Inglés al reconocimiento de los derechos de Centro América en el puerto de San Juan de Nicaragua y cualquiera otro punto de su territorio.

En 1849 llegó a Amapala, a bordo de la fragata Gorgon el Cónsul Chatfield y ocupó la isla. El capitán del vapor Plumper ocupó la fortaleza de Trujillo, porque el Comandante de este puerto se negó a pagarle el importe de varios reclamos de súbditos británicos. El Presidente Lindo prohibió toda relación con los puntos ocupados por los ingleses y puso la isla del Tigre, por diez y ocho meses, bajo la protección de los Estados Unidos de América. La intervención de Mr. E. Geo Squier, Ministro de este país en Centro América, dio por resultado la inmediata devolución de los territorios ocupados.

Este incidente hace recordar las acusaciones que a Lindo hizo el historiador Cevallos, de haber confirmado a Honduras, como Presidente de El Salvador, en la posesión de las islas de Amapala y Zacate Grande. Como ofrecimos aludir de nuevo a este punto, cumplimos nuestra palabra. Es de sentir que el señor Cevallos no haya conocido el decreto que el Presidente de El Salvador, Don Doroteo Vasconcelos dictó el 4 de diciembre, cuyos dos primeros artículos dicen:

"Artículo 1°—El Gobierno de El Salvador reputa como ilegítima e injusta la ocupación que el Consulado británico ha hecho de la isla del Tigre perteneciente al Estado de Honduras, contra cuyo acto protesta de la manera más solemne.

2°—Queda cortada y prohibida absolutamente la comunicación del Estado de El Salvador con dicha isla y el que infrinja esta disposición será castigado con las penas que las leyes establecen para tales casos, durante la incomunicación, hasta que la isla sea devuelta al Estado de Honduras, a quien pertenece.

Este decreto aparece publicado en la Gaceta del Salvador, número 4°, de 7 de diciembre de 1849. Tocó su ejecución al Ministro General Don Rafael Pino.

En la misma Gaceta., N.° 86 del 18 de noviembre del año de 1848, ya había aparecido publicado el Decreto de 2 de septiembre en que el Presidente Lindo declaró que el puerto franco de la Isla del Tigre se denominaría en lo sucesivo:

Puerto franco de Amapala en la Isla del Tigre.

El primer Decreto citado demuestra que El Salvador hizo causa común con Honduras ante el atropello de los derechos de este Estado cometido por Chatfield y la equivocación del historiador Cevallos.

La conducta de Chatfield hizo pensar en la necesidad de establecer un Gobierno Nacional Centroamericano. Lindo envió al Licenciado Don Felipe Jáuregui a Nicaragua a tratar sobre aquel punto. El 8 de noviembre de 1849 celebró en León el Comisionado hondureño con el de Nicaragua, Licenciado den Gregario Juárez y con el de El Salvador, Don Agustín Morales, un tratado por el cual los Estados contratantes se unen y confederan, formando un cuerpo que se llamaría Confederación Nacional de Centro América.

Jáuregui fue enviado luego por Lindo a San José de Costa Rica para que allá celebrase un Convenio con Don Manuel Francisco Pavón, Plenipotenciario de Guatemala. sobre las relaciones con esta República y otro con el Cónsul Chatfield sobre los reclamos ingleses. Jáuregui no se atuvo a sus instrucciones y celebró con Chatfield un tratado sobre que Honduras se declarase República Soberana, siguiendo el ejemplo que dio Guatemala con el Decreto de 21 de marzo de 1847.

Lindo no aprobó el Tratado e hizo prender a Jáuregui, a su paso por Corinto; pero el General Guardiola, que deseaba la aprobación, se pronunció contra Lindo en Tegucigalpa el 12 de febrero de 1850.

Guardiola marchó a Occidente; el 22 del mismo mes tomó la ciudad de Gracias, derrotando al General Toro, y en seguida contramarchó y se dirigió al Sur, en donde Lindo se hallaba con una respetable fuerza. Don Doroteo Vasconcelos, Presidente de El Salvador, que aspiraba a realizar la Unión de Centro América, procuró evitar que la guerra civil continuara en Honduras. Envió de mediador a Don Victoriano Castellanos, apoyado por un ejército que mandaba el General Trinidad Cabañas, y se logró celebrar en Pespire el 25 de marzo un Convenio de Paz, conforme al cual Guardiola se retiraría a El Salvador, Jáuregui sería juzgado por su conducta, en Costa Rica, y mientras no lo fuese, no podría volver a Honduras.

Se recordará que Jáuregui y Guardiola habían sido candidatos a la Presidencia en competencia con Lindo. Por otra parte, el primero había tratado de levantar los pueblos contra el Presidente en junio de 1847, en un viaje que hizo por Cedros a Olanchito y Trujillo, en lo que procedía en combinación con Guardiola. Ahora este habla precipitado los acontecimientos, y el resultado fue que Jáuregui no volviera al país y Guardiola saliera de él. Lindo, pues, logró con éstos lo que había logrado con Ferrera y Chaves, con cuyos Gobiernos habían estado tan estrechamente unidos. Ferrera, cuando se trató de la elección de Lindo, había dicho de éste que "al menos, no los sacrificaría: que, cuando más. les impondría el destierro". Se había cumplido su pronóstico.

XI

LINDO DICTÓ un Decreto de nacionalidad el 14 de septiembre de 1850 y el 6 de enero de 1851, después de una conferencia que tuvo con el Presidente de El Salvador, Don Doroteo Vasconcelos, en el pueblo de La Labor, dictó otro en Ocotepeque, en que acordó el auxilio que el Gobierno salvadoreño le pedía para la campaña emprendida contra Guatemala con fines unionistas. La fuerza auxiliar se componía de 1.300 hombres al mando del General Cabañas.

A este tiempo se habían agravado las dificultades con Chatfield. Este había dirigido al Gobierno hondureño el 5 de diciembre una nota en que determinaba los límites entre los dominios del pretenso Rey de los Mosquitos y el territorio de Honduras. Lindo dirigió de La Labor el 8 de enero de 1851 una protesta a los Gobiernos y pueblos de Centro América y a los demás del mundo civilizado contra las absurdas pretensiones de Chatfield. Este devolvió la protesta y las notas que la acompañaban "por no ir en los términos debidos'", lo que traduce Lindo en esta frase "Por no ir concebida en los términos que él deseara".

"Y no quedándole a Honduras —continúa Lindo— otro recurso para sostener su dignidad que cortar sus relaciones, lo adopté formalmente poniéndolo en conocimiento de la Representación Nacional".

Esta, que se había creado por el Tratado de León, de 8 de noviembre de 1849, se había reunido, conforme a él, en Chinandega el 9 de enero de 1851. Formábanla los representantes Licenciado Don José Guerrero por Honduras, Don José Francisco Barrundia y Licenciado Don José Silva por El Salvador y Licenciados Don Hermenegildo Zepeda y Don Pablo Buitrago por Nicaragua.

A fines de enero entraban al territorio de Guatemala las fuerzas hondureñas unidas a las de Vasconcelos. "Desgraciadamente —dice Lindo— se creyó posible tomar el cerro de La Arada, fortificado por la naturaleza y por el arte, y allí se desgració un ejército decidido y muy bien equipado, no obstante que los Generales y tropa dieron en aquella acción las pruebas más positivas de su constancia, valor y denuedo, para defender la causa que se había proclamado".

En el número 5 del Boletín Oficial de Comayagua, del 14 de febrero, se lee sobre esta acción de guerra, lo siguiente: "Marchaba el ejército sobre Chiquimula, pero el domingo 2 del presente, encontró sobre la marcha fortificadas las tropas de Guatemala en un cerro llamado San José: el General en Jefe dispuso tomarse estas fortificaciones, destinando para las operaciones que debían ejecutarse a los Generales Cabañas y Guardiola, los cuales con su acostumbrada valentía atacaron los atrincheramientos del enemigo; mas no obstante sus esfuerzos fueron rechazados, porque Carrera estaba colocado en puntos que, según afirman algunos, eran inexpugnables. Se dice que el General Belloso y el General Asturias pelearon también en el combate y aunque también se dice que el Benemérito General Guardiola fue herido levemente y el General Belloso de un brazo, todavía no tenemos datos ciertos acerca de esta noticia.

Con motivo de este suceso se determinó que el ejército se replegase nuevamente a Metapán; pero el 3 se oyeron grandes descargas de mosquetería y artillería, por lo que se infiere que nuestras tropas volvieron a la carga, luego que se reforzaron. Con fecha 7 escriben del departamento de Gracias y nos aseguran que todo el día 4 había continuado un recio combate. Aguardamos el resultado de esta nueva refriega y lo comunicaremos por medio de un alcance en el momento que sepamos lo cierto".

El número 6 del Boletín, del 20 de febrero, decía:

"Se ha confirmado la noticia de haberse estrellado el

ejército aliado en una altura que dista de San José, pueblo de Guatemala, cerca de una legua.

En cuanto a los pormenores de la acción sabemos muy pocas cosas; pero sí se nos ha informado por algunos jefes de crédito que se empezó a combatir al enemigo, que estaba fortificado en lo más elevado de la altura, contra expresa orden del Presidente Vasconcelos: ya había dicho este señor lo mismo en cartas particulares que tenemos a la vista, y ahora su aserto está justificado por el testimonio de los mencionados Jefes.

Según algunos afirman fue empeñada la tropa de la vanguardia sobre los atrincheramientos, de orden del segundo jefe y que ya no fue posible contener el resto de la fuerza.

No entró en la pelea una gran parte del ejército, por lo muy estrecho de los caminos y la dificultad de maniobrar fuera de ellos, porque toda la altura, a más de ser escarpadísima, era intransitable; porque las hierbas llenas de espinas que se entrelazaban e impedían el paso a los soldados, fueron obstáculos grandes para que impidieran el movimiento del ejército.

Los Jefes, oficiales y soldados, hicieron prodigios de valor; pero al fin cansados de luchar en desfiladeros desventajosos porque el enemigo ocupaba la parte superior de ellos, fatigados de subir con penosos trabajos los muchos saltos, que de instante en instante tenían que salvar para llegar al peñón encumbrado donde el enemigo tenía sus últimas fortificaciones, resolvieron retirarse sin descuidar el tren de artillería y demás útiles, que defendieron hasta ponerlos fuera de peligro, y que han conducido hasta entregarlos al Comandante General del departamento de Gracias.

El combate duró desde las siete de la mañana hasta las tres de la tarde.

Una parte del ejército de El Salvador y algunas compañías hondureñas llegaron a Metapán el 4 del presente; en cuyo lugar se reunieron también el señor Presidente Vasconcelos y el General Cabañas.

En este lugar resolvió el Presidente encargar la Comandancia General al General Cabañas, sin duda con el designio de ir a San Salvador tomar algunas disposiciones".

El desastre de la acción de San José de la Arada se debió a que el ejército aliado era mandado directamente por el Presidente Vasconcelos, quien no era militar. Este nombró al General Isidoro Saget, Mayor General, y depositó en él toda su confianza, pero con Saget habían tenido inteligencias los agentes de Carrera, y habían logrado atraerlo a su causa.

El ataque ordenado por Saget como segundo jefe de las fuerzas, para escalar el cerro de La Arada, en el que Carrera se había fortificado sabiendo previamente que allí se le atacaría, fue una traición. Ya Saget había deslucido la brillante hoja de servicios que obtuvo al lado del General Morazán, peleando en León en 1845 contra el partido unionista: ¡ahora, figurando en el ejército unionista de Vasconcelos y Lindo, la ensombrece más con la nota de traidor!

Once días después de esta acción de armas, el Gobierno salvadoreño pidió de nuevo auxilio a Lindo, porque Carrera había invadido el territorio de aquel Estado. Lindo, que ya había licenciado sus tropas, empezó a reclutar de nuevo y la amenaza a los salvadoreños enardeció de tal manera en su favor a los hondureños que, en menos de diez y ocho días, se reclutaron más de dos mil hombres, de los que se enviaron dos divisiones, que fueron a engrosar las fuerzas que en El Salvador habían quedado al mando del General Cabañas.

Cuando Carrera evacuó el territorio salvadoreño, Vasconcelos creyó bastantes para defender el Estado 2.800 hombres, y por ello pidió que no se le mandaran más tropas de auxilio y regresó una división que había ocupado San Miguel y se mandaron disolver todas las demás tropas reclutadas.

En esta situación se recibió el Decreto de 24 de febrero, que la Representación Nacional mandaba que el ejército de El Salvador y Honduras se pusieran a su disposición, ofreciéndose como mediador para con Guatemala. Este Decreto fue aceptado por los aliados; pero los Comisionados de la Representación Nacional para un arreglo pacífico no fueron aceptados por Guatemala. El Gobierno de Guatemala dijo a la Representación Nacional que estaba dispuesto a celebrar la paz directamente con los Estados de El Salvador y Honduras.

La Representación Nacional, en 31 de marzo, dictó en León un Decreto, en que convocaba a una Asamblea General Constituyente, con poderes para organizar una República sobre las bases del sistema popular, representativo, federal, la que se reuniría en Chinandega el 24 de junio. Se invitó a Guatemala, Los Altos y Costa Rica para que entraran al pacto. Esta invitación no había de ser aceptada.

El 29 de marzo de 1851 Lindo regresó de Occidente a Comayagua y el 10 de abril hizo publicar los documentos relativos a la ruptura de relaciones con Chatfield. A la vez publicó una proclama en que habla también de las pretensiones de Guatemala sobre nuestro territorio occidental. En ella se encuentra este hermoso párrafo, que no se olvidará nunca:

"La costa del Norte, la mayor parte del departamento de Olancho y no menos del de Tegucigalpa es el terreno que ha señalado antojadizamente el señor Chatfield para su nación: el Gobierno de Guatemala quiere tomarse otra gran extensión por Copán y por el Norte, hasta Río Tinto; ¿y querréis la paz comprada con el terreno que alimenta a vuestros hijos, a quienes les proporcionará en lo futuro una gran riqueza por medio del comercio que formará en sus costas y ríos navegables? ¿querréis dejar por herencia a nuestra posteridad la esclavitud o la necesidad de emigrar del suelo en que naciera?

Estoy cierto, sí, que estas consideraciones os horrorizarán y que muy lejos de aquella bajeza, cuando sea necesario, volaréis a tomar las armas: que nuestra debilidad será más bien un motivo para unirnos y para que el patriotismo haga redoblados esfuerzos, porque el pueblo que quiere ser libre, lo es, por débil que parezca".

Los acontecimientos políticos habían impedido a Nicaragua aceptar, desde luego, el Decreto de la Representación Nacional, del 31 de marzo.

El 4 de agosto estalló en León un movimiento revolucionario acaudillado por el General Trinidad Muñoz, y apoyado por el Obispo Viteri. Don Laureano Pineda, que era el Jefe desconocido, se refugió en Honduras y le pidió auxilio a Lindo. Este se lo otorgó; el ejército hondureño entró a Nicaragua y en unión de las fuerzas de Granada, venció a Muñoz en León, el 10 de noviembre. Pineda quedó restablecido en el Poder, y en estas circunstancias pudo aceptarse la convocatoria hecha por la Representación Nacional.

El 12 de enero de 1852, con motivo de haber ocupado la boca del río Romano o Aguán, territorio de Honduras, el titulado Cónsul General de Su Majestad Británica en la supuesta nación Mosquita, el Gobierno de Lindo, deseoso de que se tomara una medida en negocio tan grave, promovió la reunión de la Dieta Nacional y la reunión de los Diputados a la Asamblea Constituyente en Tegucigalpa. Esta reunión no había de verificarse hasta el 9 de octubre, cuando ya el período de Lindo había terminado.

Lindo cesó en sus funciones el 1º de febrero y fue elegido el General Cabañas para sucederle.

Uno de sus principales cuidados en su Gobierno había sido la Hacienda. Por las revoluciones que hubo desde, 1839 hasta 1845, quedó gravitando sobre el Erario una enorme deuda. La base principal (le la Hacienda es el crédito, y él procuró los medios de volver a Honduras el que ya comenzaba a perder. El Poder Legislativo lo autorizó para adoptar las medidas indispensables, y en 1847 empezó a desarrollar un plan que vino a perfeccionar la Ley de 9 de septiembre de 1848. Así amortizó de 1848 a 1851, la cantidad de$ 206. 471. 50. Puede juzgarse de la eficacia de sus planes y de su habilidad de hacendista, en cuanto a este resultado, tomando en consideración que el Presupuesto General de Gastos para el año de 1852 calculaba el producto de las rentas en $ 126.247. 00. En 1856 no había subido aún a$ 160.000. 00.

XII

LA PRESENCIA DEL General Cabañas en la Presidencia de Honduras significaba que el desastre de La Arada, si bien era un triunfo de los guatemaltecos, obtenido como se ha visto, no era un triunfo del separatismo.

Cabañas, en la Presidencia, había de defender el ideal unionista, y esto le había de crear una hostilidad constante de parte de Carrera.

Las fuerzas de éste empezaron a realizar incursiones en el territorio de Honduras, pretextando perseguir rebeldes, y causaron graves perjuicios en Copán y Casapa.

Cabañas movió parte del ejército sobre la frontera de Guatemala. Carrera se hallaba entretanto en Chiquimula. Se promovieron negociaciones de paz, y en Esquipulas se firmó por comisionados de Honduras y Guatemala el 19 de abril un Tratado, en el que aparece

Don Juan Lindo representando al Gobierno de Honduras. He aquí su texto:

"Los infrascritos, Doctor Don Juan Lindo, General Don José Antonio Milla y Don Justo Rodas, comisionados por el Supremo Gobierno de Honduras, y el Presbítero Don Jesús María Gutiérrez, por el de Guatemala, nombrados para arreglar las dificultades que se han suscitado entre ambas partes, completamente autorizados, según los poderes que mutuamente se han presentado, han convenido en los artículos siguientes:

Artículo 1º— No habiendo intentado el Gobierno de Guatemala ofender a Honduras en ningún concepto, se compromete a indemnizar los perjuicios causados a los vecinos pacíficos de Copán y Casapa al tocar en ellos sus tropas, siendo legalmente justificados.

Artículo 2º— También se compromete el Gobierno de Guatemala a poner inmediatamente en libertad a los súbditos de Honduras que han sido tomados en las entradas de dichas tropas a su territorio; pero quedan exceptuados de esta gracia los hondureños que hayan cometido delitos comunes en Guatemala.

Artículo 3º— Cada una de las Partes Contratantes respetará en lo sucesivo el territorio de la otra, y si ocurriese alguna desavenencia o dificultad, se arreglará de una manera amistosa y de conformidad con el Derecho Internacional.

Artículo 4º— Queriendo ambos Gobiernos darse mutuamente un testimonio de su deseo de conservar la paz y cultivar las más francas y fraternales relaciones, prescinden de cualesquiera otros reclamos a que pudieran dar lugar las causas que han motivado las actuales desavenencias y se obligan a concluir en lo sucesivo un Tratado de Amistad y Comercio que también arregle los respectivos límites de sus territorios.

Artículo 5º— El Gobierno de Honduras reconcentrará los emigrados que han podido influir en los trastornos de Guatemala, mientras se arregla en el Tratado de Amistad su regreso a sus hogares o lo que ambos Gobiernos tengan a bien resolver.

Artículo 6º— El presente Convenio será ratificado dentro de seis días y canjeado en los seis siguientes, contados desde hoy.

En testimonio de lo cual, los respectivos Comisionados han firmado el presente en la villa de Esquipulas, a diez y nueve de abril de mil ochocientos cincuenta y tres, trigésimo segundo de la independencia de Centro América. — Juan Lindo. — José Antonio Milla. — Justo José Rodas. — José María Gutiérrez".

Cabañas ratificó este convenio en Sinuapa el 23 de abril. En igual fecha lo ratificaba Carrera en Guatemala, pero en tales términos que lo que él llamaba ratificación no lo era, pues se modificaba sustancialmente lo convenido y la verdad de los hechos, y por ello Cabañas declaró que la situación entre Honduras y Guatemala era la misma del 3 de febrero.

Las hostilidades de Carrera habían de continuar en los dos años siguientes hasta que fue derrocado el Gobierno del General Cabañas con motivo de la acción de armas librada en Masaguara el 6 de octubre de 1855 por el General Don Juan López con fuerzas auxiliares de Guatemala. En las elecciones para el nuevo período constitucional, de 1856 a ,1859, Lindo fue todavía candidato a la Presidencia, en competencia con los Generales Don Juan López y Don Santos Guardiola: pero él y sus partidarios se decidieron a última hora por Guardiola.

En ese año de 1856, Lindo se había dirigido a la ciudad de Gracias con el objeto de establecerse allí definitivamente. Llegó enfermo de gravedad, y lo asistió su pariente el Licenciado Don Lorenzo Zelaya. No fue posible contener los progresos del mal, y falleció el 23 de abril de 1857, a las seis de la mañana.

Su testamento fue abierto antes de su entierro, por haberlo dispuesto él así. En una de sus cláusulas se lee:

"Después de muerto quiero que mi cuerpo sea sepultado sin ninguna pompa en el lugar común destinado, conducido por pobres, a quienes se gratificará con cuatro pesos de plata a cada uno".

Los deseos de Lindo, de que su entierro fuera sencillo, no pudieron cumplirse: era Benemérito de la Patria y se le había concedido el fuero de guerra, por lo que se le hicieron los honores correspondientes al rango de General de División en sus funerales.

Tampoco fueron sus restos al lugar común destinado: se le sepultó en la bella colina de San Cristóbal, que domina la ciudad de Gracias desde el lado Occidental, y se le erigió un mausoleo que aún se conserva.

Su testamento ofrece, además, una cláusula en que mandaba "que el Colegio de Comayagua se le dieran quinientos pesos, otros tantos a la Universidad de Tegucigalpa, e igual suma a la de San Salvador, donde como Presidente provisorio, tomó empeño en la erección del Colegio de la Asunción".

Era Lindo bien parecido, de estatura más bien alta que baja, de color moreno, nariz aguileña, ojos muy vivos, movimientos ágiles, locuaz y muy insinuante en la conversación. No usaba bigote y de la barba sólo se dejaba las patillas, recortadas transversalmente. Vestía con sencilla elegancia y su trato era de una cultura exquisita. Para inspirar confianza, casi no había persona a quien no llamara su pariente. A causa de la agudeza, de su ingenio y de su destreza en la intriga, se le llamó zorro político, y con este cognomento ha pasado a las generaciones que le sucedieron.

XIII

LA VIDA DE Lindo revela un hombre de poderosa inteligencia, gran ilustración y firme voluntad, puestos al servicio de diferentes causas.

Aunque vio en México los primeros movimientos en favor de la Independencia, se mostró, a su regreso a Comayagua, amigo del régimen colonial, en el que logró el nombramiento de Gobernador de la Provincia de Comayagua, del que no fue posible que tuviera noticia.

Proclamada la Independencia en Guatemala el 15 de septiembre de 1821, no fue de los que la acogieron y secundaron como Francisco Morazán y Dionisio de Herrera para que la América Central se rigiera por sí misma: quiso que se sometiera al Gobierno de México, y así fue imperialista.

Derrocado el Imperio, acepta la reunión del Congreso que dictó el Acta segunda de Independencia, y así es ahora republicano.

Elegido fraudulentamente Arce, Presidente de Centro América, se echa este contra la Constitución Federal y desata la guerra contra los Estados de Honduras y El Salvador, disolviendo las autoridades del Estado de Guatemala. Lindo le sigue en esta empresa, haciendo oposición en la Asamblea a Don Dionisio de Herrera; y si bien este Jefe cae, la política de Arce sucumbe al tomar la ciudad de Guatemala el General Morazán el 13 de abril de 1829.

Lindo, bajo el régimen de la Constitución Federal que acababa de combatir, acepta ser Diputado a la Constituyente de Honduras que se reunió en 1841, y en este puesto aparenta, por una parte, defender el orden legal establecido, y por otra, conspira, al mismo tiempo, con Don Antonio José Cañas en favor de la revolución que, acaudillada por el ex-Presidente Arce, estalló contra el Presidente Morazán. La conducta de Lindo da lugar a que el Gobierno del Estado de Honduras le confisque sus bienes, aunque, más tarde, por virtud de un decreto de indulto, se los manda devolver.

Bajo la influencia de las falsas doctrinas del titulado Marqués de Aycinena, se intensifica el afán en favor de las reformas de la Constitución Federal. Lindo, que ya se había mostrado en favor de ellas, abraza con fervor la causa separatista, y en el último Congreso Federal pide con Aycinena y otros Representantes que los Estados de Centro América reasuman completa e inmediatamente la plenitud de su soberanía e independencia. Consecuente con esta idea, aceptada por los Decretos de 26 de octubre y 5 de noviembre de 1838, firma la Constitución de Honduras de 1839, como Presidente de la Asamblea que la dictó para asegurar el éxito de la reforma, Lindo celebra, como Representante de Honduras, con Nicaragua, el Tratado de 18 enero cuyas funestas consecuencias condensa el historiador, Dr. D. Lorenzo Montúfar, en el justiciero párrafo siguiente:

"Este tratado fue el origen de la ruina del General Morazán y de la disolución del sistema federal. El Tratado de Alianza, que se hallaba en plena conformidad con las ideas, con las aspiraciones y tendencias del Jefe de las Armas de Honduras Francisco Ferrera, animó a Rafael Carrera, que estaba armado en Mita. Ferrera mismo dio noticia a Carrera de este tratado y lo preparó para lanzarse a Guatemala contra el Gobierno del General Salazar.

Este tratado es el alma del pronunciamiento de Carrera en Mita el 24 de marzo de 1839. Ese tratado animó a los Aycinenas, a Pavón y a Batres para hacer entrar a Carrera en triunfo a la capital de Guatemala el 13 de abril de 1839. En virtud de ese tratado, fuerzas de Honduras y de Nicaragua invadieron el Estado de El Salvador y llegaron hasta la ciudad de San Vicente. Es verdad que Morazán con sus altas dotes militares pudo hacer retirar hasta el Lempa a los invasores y derrotarlos el 6 de abril en la Hacienda del Espíritu Santo, y el 25 de septiembre en San Pedro Perulapán; pero la fe del tratado de 18 de enero entre los Gobiernos de Honduras y Nicaragua exigía a éstos que mantuvieran la coalición y se preparaban a invadir de nuevo el territorio salvadoreño. Morazán quiso combatir a los hombres de la liga en detalle y con poco más de 800 hombres se dirigió a Guatemala, a marchas forzadas, tomó la plaza en dos horas, apoderándose de todos los elementos de guerra que en ella había. Morazán fue contrasitiado por más de cinco mil salvajes y al día siguiente tuvo necesidad de retirarse para abandonar no sólo a Guatemala sino a Centro América y para volver en seguida a morir a Costa Rica". [7]

Ante la derrota de San Pedro Perulapán, el autor del Tratado del 18 de enero celebra los tratados de Olosingo, que le eran enteramente contrarios. El Gobierno hondureño imprueba estos tratados, y Lindo se refugia en El Salvador. El fracaso de la expedición de Morazán a Guatemala es aprovechado por Lindo para vindicarse, y sube al ejercicio de la Presidencia de aquel Estado. En este puesto se pone a cubierto, por medio de la fuerza, de una conspiración en favor de Morazán.

Muerto Morazán en el patíbulo de San José de Costa Rica, y reconciliado Lindo con el Gobierno de Honduras, representa a éste en el Gobierno confederal, sin que en su actuación haya demostrado interés por afianzarlo.

Con el Obispo Viteri, trata de contribuir Lindo, de acuerdo con el Gobierno hondureño, a restablecer a Malespín en el Gobierno de El Salvador. Malespín había sido el ejecutor de sus disposiciones cuando ejerció la presidencia de aquel Estado.

¿Pensaba por medio de él, volver a la Presidencia allí? No se sabe lo que se proponía.

Ello es que, muerto Malespín, se habían frustrado los planes que pensaba poner por obra.

En agosto de 1846 practícanse las elecciones para el nuevo período presidencial en Honduras. En enero siguiente, la Cámara de Representantes elige Presidente al General Francisco Ferrera, por no haber habido mayoría absoluta en la elección popular. Ferrera, temiendo los conflictos que podían surgir de su elección o de la elección de Jáuregui, de Guardiola o de Chaves, renuncia la Presidencia e insinúa a la Cámara que el acierto de la elección depende de elegir entre los candidatos que no pertenecían a los partidos en lucha. Lindo era uno de los candidatos que se hallaban en tales condiciones.

Según el artículo 17 de la Ley de Elecciones de 1839, si ninguno hubiera reunido la mayoría, es decir, la mitad y un voto más de todos

---

[7] Reseña histórica de Centro América; tomo III, pág. 283.

los que contuvieran las listas electorales, la Cámara elegiría entre los que tuvieran la tercera parte de la mitad y en falta de éstos, entre los que reunieran la cuarta parte. La Cámara acepta la renuncia de Ferrera y elige Presidente a Lindo. No es de dudar que, si éste no fue parte a fomentar la división entre los partidarios de Ferrera y Chaves y los de Jáuregui y Guardiola, supo ejercer su influjo en el ánimo de Ferrera, para que se obtuviera aquel resultado. Esto es lo que da a entender la frase de Ferrera, que se ha citado, de que Lindo "al menos no los sacrificaría y cuando más, les impondría el destierro".

Lindo en la Presidencia de Honduras declara que los Pactos de Nacaome "tienen por objeto restablecer un Gobierno general que dé a Centro América paz en el interior, respetabilidad y representación en el exterior". La Constituyente, al ratificarlos, considera que, por la falta de ese Gobierno, "en ocho años de disolución de los lazos federales, toda la República y cada uno de los Estados, han sufrido y se hallan expuestos a males incalculables".

¿Fue preciso que Lindo se viera rodeado de las dificultades con que se encontró por la debilidad del Estado, en su aislamiento, para reconocer que era una necesidad el Gobierno general, a cuya extinción había concurrido? Un hombre, como él, ¿no lo había previsto desde el principio de la campaña separatista?

Cuando se firmaron los Pactos de Nacaome, ya Lindo, ante el Decreto de 21 de marzo de 1847 por el que Guatemala se había proclamado República, había reconocido al nuevo Gobierno, pero "dejando, al verificarlo, intactos y subsistentes los compromisos de aquel país para llegar al restablecimiento de un Gobierno General de Centro América".

Los Pactos de Nacaome no dan resultado, y el Cónsul británico Federico Chatfield, conduciéndose insolentemente, amenazaba con desmembrar del territorio de Honduras y Nicaragua la región de la Mosquitia. Lindo logra entonces que se celebre entre Honduras, El Salvador y Nicaragua el Pacto de León. Conforme a este Pacto, se organiza la Representación Nacional de Centro América, cuerpo que se instaló en Chinandega en enero de 1851 y en el que uno de los representantes de El Salvador era el glorioso José Francisco Barrundia.

¡Al fin! ya Lindo se hallaba con aquellos con quienes debió haberse hallado siempre, y con quienes pudo y debió salvar la vida de la Patria.

Lindo había dictado un Decreto sobre nacionalidad y hecho causa común con Vasconcelos contra Carrera: sobrevino el desastre de la Arada; pero este desastre sirvió para hacer ver que la causa de la unidad centroamericana no había sido aniquilada. Sobreviene el movimiento revolucionario de León, que hace emigrar a Honduras al Jefe del Estado de Nicaragua, Don Laureano Pineda: Lindo acuerda a éste los auxilios que solicita para recobrar el Poder.

¿A cambio de qué? A cambio de contribuir a realizar la reorganización nacional de Centro América. Pineda vuelve al Poder con los auxilios de Lindo, y adopta el Decreto en que la Representación Nacional convocaba al pueblo de Honduras, Nicaragua y El Salvador a elegir Diputados para congregarse en Asamblea General Constituyente y organizar la República sobre las bases del sistema popular representativo federal.

El impulso dado a la causa de la reorganización nacional por Lindo, desde los pactos de Nacaome, en los que Máximo Jerez hizo su profesión de fe unionista, no podría contenerse, y sería seguido. Trinidad Cabañas, que había levantado del patíbulo de San José de Costa Rica la bandera nacional tinta en la sangre de Morazán, empuñándola firmemente, continuaría como sucesor de Lindo en la Presidencia de Honduras, la obra comenzada por éste. La conducta de Lindo, entonces, secundada por el patriotismo de sus colaboradores, ha hecho vivir el ideal de la Unión hasta nuestros días.

Por eso hay que absolverlo de sus responsabilidades como uno de los autores del fraccionamiento de Centro América. Por eso su nombre ha sobrevivido circundado de luz, es pronunciado con viva simpatía y será siempre recordado con respeto.

Además, en frente de los actos de Lindo contra la Federación, hay otros para que se le recuerde con veneración y cariño. Comenzó por reconocer y hacer reconocer, bajo el Imperio Mexicano, que no había clases y que todos los habitantes de Honduras estaban, por consiguiente, en condiciones de igualdad para obtener el bien de la instrucción: con esto solo, se inicia como un civilizador.

Y más tarde, en la vida de la República, se esfuerza por la difusión de las luces, abriendo escuelas y organizando establecimientos de enseñanza superior: las Universidades de El Salvador y Honduras guardan la huella luminosa de su paso. En Honduras fraternizó con el Presbítero Dr. don José Trinidad Reyes, concurriendo con éste decididamente a la cultura de su pueblo. Preocupado de que los ciudadanos se hallaran en condiciones de abrirse camino para conocer la naturaleza de sus deberes y derechos, y para saber cumplir los unos y ejercer los otros, hizo que en la Constitución de 1848 se declarase que, desde el año de 1860 en adelante, ningún hondureño sería ciudadano si no sabía leer, escribir y contar: de este modo quería cerrar a la ignorancia la entrada a la función cívica y franquearla a las inteligencias cultivadas que podían tener conciencia de los actos que iban a realizar; lo que revela que partía del mismo pensamiento que más tarde formuló su admirador el Dr. don Ramón Rosa diciendo: "El Gobierno es ciencia: la Administración es una experiencia científica".

Era Lindo celoso por el respeto a la autoridad: recuérdese su actitud en la Asamblea de 1831 con motivo de un impreso intitulado El Rayo. Lindo al respecto se hallaba en completo acuerdo de ideas con Barrundia cuando éste entregó a Francisco Morazán la Presidencia de Centro América. Decía Barrundia en su discurso:

"Vosotros, ciudadanos, que presenciáis este acto augusto, que hace terminar completamente nuestra revolución y os presenta al elegido de la Nación con todos los caracteres de la legitimidad y del voto público. respetad al Jefe de la República y en él, al depositario de las leyes. Vosotros podéis, debéis censurar su conducta si fuere necesario; debéis prestarle vuestros auxilios y vuestras luces; debéis esclarecer sus pasos y hacer resonar en su oído la voz de la justicia con toda su majestad y con toda la energía de hombres libres. Mas no quiera el cielo manchéis vuestros escritos ni vuestras reclamaciones o debates públicos con el baldón o el sarcasmo.

"Cualquiera defecto que pueda notarse en el magistrado del pueblo, y más en el Ejecutivo Nacional, debe advertirse con decoro y aun con el sentimiento delicado y culto del que desea disculparle. Tened presente que el Poder, o se desdeña o se exaspera; y, sobre todo, que el honor o el vituperio de la primera autoridad reflectan siempre sobre vosotros y la Nación misma. Nada hay que decir del malvado que emplea la calumnia y el infame libelo. Jamás ha sido ésta el arma de un hombre libre. El ciudadano acusa siempre con dignidad y con decoro: el esclavo y el cobarde, cuando no adulan, ultrajan y difaman".

¡Ojalá que estas lecciones del gran Barrundia fueran aprovechadas hoy día!

Lindo fue celoso por la integridad de nuestro territorio y en su afán de defenderla estaba dispuesto a llegar al último extremo. Ya se ha visto su actitud patriótica respecto a las pretensiones de Chatfield y de Guatemala.

Lindo fue celoso por la causa de la América española. Lo demuestra haciendo ver al Estado de Honduras solidario con México al ser esta República invadida por los Estados Unidos.

Estos y otros actos de alta valía, puede ostentar Lindo en su favor para oponerlos a su conducta como separatista, fuera de que rectificó, dejando de serlo, y echando bases para el reaparecimiento de Centro América. Su rectificación es un noble ejemplo: con ella ha conquistado un puesto de honor en las páginas de nuestra historia, al par de hombres como José Cecilio del Valle, Dionisia de Herrera, Francisco Morazán, José Francisco Barrundia, Doroteo Vasconcelos y Trinidad Cabañas, a quienes habían de seguir Máximo Jerez, Gerardo Barrios y Justo Rufino Barrios. Y la gloria de éstos será su gloria cuando, por virtud de su ejemplo y de la acción de los que se han inspirado en él, triunfe el gran ideal, volviendo a la vida la República de Centro América.

Tegucigalpa, 23 de marzo de 1931.

APÉNDICE

I

NOTA DEL LICENCIADO DON JOSÉ MIGUEL MONTOYA

D. U. L

Comayagua, mayo 10 de 1833.
DE la Comisión del Supremo Gobierno del Estado de El Salvador.

Al Ciudadano Secretario del Supremo de Honduras. Después de haber tenido el particular honor de manifestar a su Gobierno el origen, progresos y resultados de la revolución del Salvador, le indiqué los deseos del mío y lo favorable de las circunstancias para acordar entre ambos Estados los medios más convenientes de obtener las reformas constitucionales que la opinión bien pronunciada de los pueblos demanda.

Anuente se dignó nombrar al efecto Comisionado al Ciudadano Santos Bardales.

Comenzaron las conferencias el 2 y concluimos el cinco. Desde este día está meditando el Supremo Jefe el tratado, y aunque mis reclamos han sido diarios para su redacción y autorización en forma, supuesto se le señala tiempo para su ratificación, no me ha sido posible conseguirlo.

Si pudiera perder más tiempo, aun esperaría; pero asuntos muy interesantes a mi Estado y a mi persona reclaman mi regreso.

Así que lo verificaré de esta ciudad sin la menor falta el lunes próximo, llevando el sentimiento, si entre los tres días que median no se efectúa el tratado, de no haber logrado afianzar la paz, alejar las desconfianzas y obtenido los medios de hacer la dicha de ambos Estados.

Tengo la honra de participarlo a Usted para noticia de su Gobierno, y de asegurarle que de todas distancias seré su muy obediente servidor.

J. Miguel Montoya.

Gobierno Supremo. —Comayagua, mayo 10 de 1833.

Contéstese: que no estando de parte del Gobierno la conclusión de los tratados, le ha sorprendido la comunicación anterior, y que con esta fecha se oficia sobre el particular al Ciudadano Santos Bardales, Comisionado al efecto.

Rivera. [8]

II

CONVENIO

ajustado entre los Gobiernos de Honduras y El Salvador con el objeto de reformar la Constitución de la República.

El Ciudadano Licenciado José Miguel Montoya. Comisionado por el Gobierno Supremo del Estado del Salvador, y Santos Bardales, por el de Honduras, plenamente autorizados para celebrar un convenio que tenga por objeto promover los medios de reformar la Constitución que demanda la opinión pública y exige el bien de los pueblos de asegurar la independencia, soberanía y garantías de ambos Estados, y estrechar más los vínculos de amistad, armonía y relaciones, hemos ajustado el siguiente

TRATADO

Artículo 1°—Estando uniformes los dos Estados en que se reforme la Constitución federal de la República y presentadas por sus respectivas legislaturas las Iniciativas de reforma, los dos Gobiernos convienen en nombrar dos ministros por cada Estado que en unión de igual número de los demás de la unión formen las bases generales de los artículos que hayan de reformarse, o de una nueva Constitución si pareciese conveniente dictarse, las que presentarán a la Asamblea Constituyente luego que se reúna.

Artículo 2°—En su consecuencia los dos Gobiernos invitarán a los de los demás Estados hermanos con el objeto indicado.

---

[8] Tomo 156, página 138. —Archivo Nacional.

Artículo 3º—Ambos Gobiernos se comprometen a no levantar armas contra ningún Estado si no es con previo acuerdo de la Federación y con la precisa condición de que los demás Estados concurran con el contingente de hombres y dinero que les corresponda.

Artículo 4º—Lo convenido en el artículo anterior no tendrá efecto en el caso de que por parte de alguno de los Estados se asile o llame a los expulsos de la República sin que los altos Poderes de la Nación hayan derogado las leyes porque lo fueron.

Artículo 5º—Como la Constitución de la República y la particular de cada Estado obligan a los Gobiernos a prestarse mutuos auxilios, se reitera por El Salvador y Honduras aquella disposición en los términos convenidos en el artículo 3º y particularmente en el caso de ser amenazada la independencia y soberanía de los Estados contratantes por un Poder extraño, por alguno de los otros Estados o por los expulsos de que habla el artículo anterior.

Artículo 6º—El Gobierno de Honduras se compromete a no asilar en su territorio a ninguno de los prófugos del Estado de El Salvador que hayan conspirado contra sus legítimas autoridades, y el de éste se obliga a observar igual conducta con los hondureños que por iguales delitos sean perseguidos por las suyas.

Artículo 7º—En el caso de que por las circunstancias llegasen a: ser obligados a levantar tropas y a situarlas en puntos fronterizos a uno de los Estados, los dos Gobiernos se obligan a darse con tiempo y sin necesidad de pedírselas las explicaciones convenientes a fin de continuar en la armonía y mejor amistad que hasta el día han observado y el de evitar todo motivo que pueda alterarla.

Artículo 8º—Ambos Gobiernos protestan sostener a todo trance la independencia y soberanía de la Nación y a no consentir sea invadida por ninguna potencia extranjera.

Artículo 9º—El presente tratado será ratificado dentro de 15 días por parte del Estado de Honduras y dentro de 60 por el del Salvador, y será duradero mientras se reforma la Constitución, en cuyo caso se extenderá la unión y perpetua liga a los cinco Estados de que se compone la República.

En fe de lo cual, nosotros los comisionados firmamos y sellamos el presente en la ciudad de Comayagua a los diez días del mes de mayo de mil ochocientos treinta y tres.

J. Miguel Montoya. —S. Bardales.[9] (2)

---

[9] Tomo 131, pág. 225. Archivo Nacional.